JN025104

アセットマネジメントの世界

第 **2** 版

新たな社会的使命と実践

宇野 淳
監修

日本投資顧問業協会
編

An Invitation to Asset Management

東洋経済新報社

『アセットマネジメントの世界』第2版の発刊に寄せて

「アセットマネジメントの世界」——同じ金融業でありながら銀行、証券会社とは違った響きを持つこの世界は、知的刺激に富み、客観的でありながら「夢」や大きな期待を追求する人々によって成り立っている。研究心が旺盛で、独自の思考方法に磨きをかけながら、資産運用を通して、新しい技術やビジネスアイデアをもつ企業を支援し、経済社会の変化を先取りしていく。同時に、顧客に対する深いロイヤリティによって規律づけされたプロフェッショナルの活躍する世界である。知的好奇心のあふれる大学生が、将来の目標として夢見る仕事のひとつでもある。

プロが語る「アセットマネジメントの世界」の初版を2010年に出版してから12年の年月が流れた。早稲田大学における開講はさらに5年前の2005年である。大学で資産運用の基礎知識を学ぶ機会を提供する実践的な寄附講座が設定され、第一線で活躍されている資産運用のプロフェッショナルが講義ごとに学生に語りかける内容は、わかりやすく、興味をそそるものであった。これが本書を発刊した動機であり、この格別さはいまでも変わっていない。初版は同じテーマに複数の章を当てていたこともあって全19章で構成していたが、第2版は18章となった。章の数でみると1つ減っているが、内容的には1.5倍くらいに拡充されているといってよいだろう。内容が豊富になった背景には、資産運用業のバラエティが拡大したことに加えて、資産運用業の社会的役割と期待が高まったことがある。

第2版では、書名の『アセットマネジメントの世界』に、副題として「新たな社会的使命と実践」を付けたのは、こうした資産運用業の変化に焦点を当てていることを示すためである。全体を3部構成とし、第Ⅰ部と第Ⅱ部は今日の資産運用業に求められる課題を明らかにするという問題意識をもって構成した。第Ⅲ部は初版同様、基礎知識を提供することを重視して講義内容を収録している。前提知識のない読者は第Ⅲ部から読んでいただくとスムー

スに理解を深めていただけると期待している。

　第Ⅰ部は「資産運用業の課題Ⅰ：日本の金融市場の活性化」と題して、6つの講義を収録している。第Ⅰ部は、初版にはなく今回追加された章が多い。例えば、日本の資産運用業の将来（第1章）、公的年金とESG投資（第3章）、PE（プライベート・エクイティ）投資（第4章）、会社の見方──日本企業は成長するのか（第5章）である。アナリスト的視点による日本企業分析（第2章）とエコノミストの視点（第6章）は初版にもあるが、内容は一新されており、資産運用の対象である日本企業と日本経済の抱える問題点を抉り出している。

　第Ⅱ部は「資産運用業の課題Ⅱ：日本企業のガバナンス変革」と題して、4つの講義を収録している。すべて初版にはなかった講義である。コーポレートガバナンス・コードやスチュワードシップ・コードは、初版の当時にはなかったものであり、日本経済を活性化するために導入された重要な政策的枠組みである。2つのコードから、資産運用業者への社会的役割に対する期待の拡大を読み取ることができる。また日本企業の経営はどういう方向へ変わることが求められているのか、それを促進するうえで資産運用業者に期待される企業との対話、業界全体の意識向上のための対応などの構図が理解されると思う。資産運用業界自体のガバナンスのあり方を考えるヒントも多数盛り込まれている。

　第Ⅲ部は「資産運用業と金融商品の基礎知識」と題して、8つの章で構成されている。第11章は資産運用業の位置づけ、第12章と第13章は資産運用理論の基礎をわかりやすく解説している。第14章から第17章までは投資信託、ETF（上場投資信託）、ヘッジファンド、REIT（不動産投資信託）という投資対象や投資スタイルの異なる金融商品を解説している。第18章では日本の年金制度の現状が解説される。初版同様に資産運用の基礎知識のない入門者にもわかりやすく重要な知識を伝える諸章である。もちろん、内容的にはこの12年間の変化を反映して拡充されている。

　各章は経験豊富なプロフェッショナルが実際に大学で行った講義から原稿

を起こしている。講義ビデオから原稿を起こすという忍耐のいる仕事は、初版からお世話になっている石井孝明氏に担当していただいた。90分の講義から各章のコアとなる部分を抽出する骨の折れる仕事である。この場を借りて感謝の気持ちを示したい。

　講師陣は毎回の講義で、投資経験のない学生の理解を深めるため、さまざまな工夫を凝らしてお話ししてくださり、学生の興味を引くような現在進行中の問題にも率直なコメントをされている。本書に収録された内容は、執筆者が所属する機関や会社の意見を代表するものではないことをお断りしておく。

　早稲田大学では毎回の講義について、学生に短い感想文を書かせている。講義内容に関して興味をもったという感想を書くものに交じって、自分が行っている資産運用のやり方を見直す参考になったということを書く学生が、ここ数年で顕著に増えたと感じる。コロナ禍で、若い世代の資産運用額が伸びているといわれるが、本講義でもその傾向が垣間見られる。人生100年時代といわれるなかで、人生の長期計画の要となる「資産運用の考え方」に触れる貴重な機会になっているのではないかと自負するものである。

　日常的に超多忙な仕事をこなしておられるプロフェッショナルの方々が毎年、時間を割いてくださっていることに改めて感謝の気持ちをお伝えしたい。日本投資顧問業協会、および投資信託協会には長年にわたりこのプログラムをサポートいただいている。また、第2版の発刊に当たっては、日本投資顧問業協会の大場昭義会長、砂山康弘部長、清水武氏、菊地恵子氏にご支援をいただいた。また、第2版の出版を快くお引き受けくださった東洋経済新報社の茅根恭子室長にお礼申し上げたい。

　担当教員として、本講義が今後も末永く、ますます発展していくことを期待している。

2022年5月5日
　監修者　早稲田大学大学院経営管理研究科（早稲田大学ビジネススクール）教授
　　　　　宇野　淳

目次

『アセットマネジメントの世界』第2版の発刊に寄せて

第 **II** 部

資産運用業の課題 II　**日本企業のガバナンス変革**

第 **III** 部

資産運用業と金融商品の基礎知識

他人の資産を預かる／証券アナリストの面白さ——魅力的な経営者が企業を決める／未来に向けて——資産運用業はエキサイティング

第 Ⅰ 部

資産運用業の課題Ⅰ
日本の金融市場の活性化

第 **1** 章

日本の資産運用業の将来

大場 昭義

🔵 急成長する資産運用業

　この講義では、資産運用業の社会における位置付け、高まる重要性、そして課題をお話しします。

　2022年4月から高校の家庭科で資産形成の授業が始まりましたが、これまでの日本では大学までの教育課程で資産運用の意義や基本的な考え方、手法をあまり教えてきませんでした。そうした実学を重視する欧米の教育とは対照的です。その結果、大学生が社会に出た途端に、「老後に向けて資産形成をどう行ったらいいのか」、「金融機関とどのように接したらよいか」などの問題に直面し、困惑することになります。

　そのため、日本投資顧問業協会では複数の大学で「アセットマネジメントの世界」についての寄附講座を提供しています。資産運用会社がどのような仕組みで成り立ち、どのような社会的意義を持ち、どのように活用されるのか、学生のみなさんにぜひとも学んでいただきたいと思っています。

　資産運用業は最近、急速に拡大している金融分野です。私は1975年に大学を卒業し信託銀行に入りました。そのときには、中長期の資産運用を専門とするような会社はなく、信託銀行の年金運用部門、生命保険会社の運用部門などきわめて限定的でした。日本が1970年代までの高度経済成長によっ

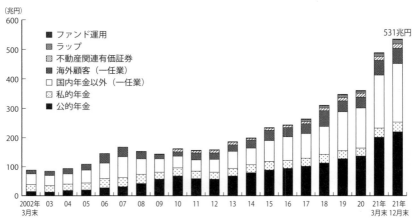

図表1-1 資産運用機関の契約資産残高の推移

（兆円）

凡例：
- ■ ファンド運用
- ■ ラップ
- ▨ 不動産関連有価証券
- ■ 海外顧客（一任業）
- □ 国内年金以外（一任業）
- ▫ 私的年金
- ■ 公的年金

531兆円

（横軸）2002年3月末、03、04、05、06、07、08、09、10、11、12、13、14、15、16、17、18、19、20、21年3月末、21年12月末

（出所）日本投資顧問業協会.

て、家計にも企業にも金融資産が蓄積して、ようやく資産運用のニーズが本格化することになります。高度経済成長期では金融の中心といえば銀行業でしたが、1990年前後を契機として資産運用業界が拡大しはじめ、社会的な役割が大きくなったのは2000年代に入ってからです。

　資産運用業の成長の裏には経済の変化があります。資金余剰を背景として産業界に銀行からお金を借りるニーズが低下し、必要に応じて企業が株式・社債市場から資金を直接調達する気運が徐々に高まってきました。同時に、金融資産の蓄積とともに、資産運用のニーズが拡大することになります。日本投資顧問業協会に加盟する運用会社の契約資産残高は2021年12月末で約530兆円となり、2002年3月末と比べると5倍強と急増しています。2021年度の日本のGDPは概ね530兆円ですからほぼ同じ規模といえます。金融機関の融資残高は、銀行で約530兆円、その他の信用金庫や信用組合を合わせると約570兆円ですから、資産運用業界は融資金額と同じ規模に達しつつあるといえます。

ここまで資産運用業の存在感が大きくなると、業界として社会的責任をよりしっかり果たす必要が出てきます。そこで投資信託協会と日本投資顧問業協会では2020年に、「資産運用業宣言2020」を定め、資産運用会社の「社会的使命」「目指すべき姿」の2つを打ち出しています。

コラム1

資産運用業宣言2020

資産運用業宣言 2020

～ わたしたちは皆さまとともに、資産と社会の未来を創ります ～

" 投資は未来を創るもの, Invest for a Brighter Future "

【社会的使命】

　資産運用会社の使命は、皆さまの安定的な資産形成に向けて最善を尽くすと共に、そのための投資活動を通じて社会課題の解決を図り、皆さまの豊かな暮らしと持続可能な社会の実現に貢献することです。

【目指すべき姿】

≪専門性と創造性の追求≫

　最良の運用成果と付加価値の高いサービスを提供するために、皆さまから大切な資産の運用を託されていることを役職員ひとり一人がしっかりと自覚し、その責任と誇りを持ち、常に高い専門性と多様な創造性を追求します。

≪顧客利益の最優先≫

　皆さまの資産の長期的利益を最優先することは、運用を託される我々資産運用業の拠って立つところであり、その徹底のために様々な取り組みを常に追い求め、皆さまからのご期待にお応えします。

≪責任ある投資活動≫

　専門的な調査活動や投資先の企業などとの積極的な対話といった責任ある投資活動を通じ、運用資産の価値向上を図り、豊かで持続可能な社会の実現に貢献します。

≪信認の獲得≫

　運用哲学をはじめ自らの強みを明らかにし、切磋琢磨しながら、運用力や提供する商品・サービスの更なる向上を図ることで、今まで以上に皆さまにご信認いただき、より多くの資産の運用を託されることを目指します。

まず宣言では「わたしたちは皆さまとともに、資産と社会の未来を創ります」と述べ、資産運用業としての「社会的使命」を定めました。掲げている「資産形成に向けて最善を尽くす」とは、顧客から委託されたお金を、しっかりリターンを生む形で運用しなければならないことを示しています。加えて、投資活動では、「社会課題の解決を図り、皆さまの豊かな暮らしと持続可能な社会の実現に貢献」するために行うという条件をつけています。

　資産運用会社は、顧客から委託されたお金を、これから成長できる企業や分野を選び出して投資することで成長を促し、企業からリターンを得て顧客の資産形成に貢献することができます。資産運用業は社会課題の解決を通じて持続可能な社会を作るために大変重要な役割を果たしていることを認識し、好循環な社会構築に向けたお金の流れを生むために活動することを、この宣言で誓っています。

　例えば、近年、気候変動を抑制するために脱炭素社会の実現に向けて世界中が動いています。新しいエネルギーシステムを作る必要がありますが、その中心となる担い手は企業です。そうした企業への投資を通じ、豊かな暮らし、気候変動の少ない安心した社会の構築に貢献することができます。その企業を投資の形で支えるのが、資産運用会社です。

　資産形成は、個人の生活においても重要な問題です。医療の進歩で「人生100年時代」といわれるようになりました。人生100年を通じ健康で文化的な生活を実現するには、それなりに費用がかかります。そのお金を賄うために、資産形成に向けた取り組みは大変重要です。

　そのために、以下の4つのめざすべきポイントを定め実現していこうとしています。「専門性と創造性の追求」「顧客利益の最優先」「責任ある投資活動」「信認の獲得」を具体的に進め、運用会社が提供するサービスの質を高める努力を重ねることをこの宣言で誓いました。

● 資産運用業の課題1──日本の金融市場の活性化

　このように資産運用業は自ら大きく変わろうとしていますが、一方で大きな課題も多いのが実態です。課題の1つとして、日本の株式市場から得られるリターンが中長期にわたって低迷していることが挙げられます。

　図表1-2は、1991年12月末から2021年12月末までの30年間の主要国の株価指標の動きを示したものです。残念ながら、一番下の横ばいが続いているのが日本、他国は右肩上がりを示しています。日本は1990年にバブルが崩壊し、30年にわたって株価が横ばいを続けていますから、国内外の投資家から、日本株式に投資してもリターンが得られにくいという不満が出ています。

　こうした課題に対し日本の株式市場の活性化に向けて、日本政府も業界も

図表1-2　世界の株式市場の主要指標の動向（1991年12月末〜2021年12月末）

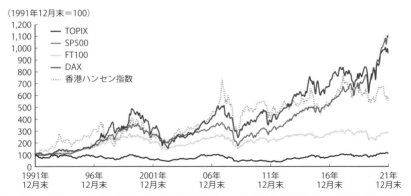

	1991年12月末	1996年12月末	2001年12月末	2006年12月末	2011年12月末	2016年12月末	2021年12月末
TOPIX	100	86	60	98	42	89	116
SP500	100	178	275	340	302	537	1,143
FT100	100	165	209	250	224	287	296
DAX	100	183	327	418	374	728	1,007
香港ハンセン指数	100	313	265	465	429	512	544

（出所）Bloombergより日本投資顧問業協会作成.

真正面から向き合っています。2012年から2020年まで続いた安倍政権の下で「アベノミクス」が打ち出され、そこで金融市場の活性化が政策の柱になりました。

その具体策として、市場参加者の自主的な取り組みを重視する「コード」を活用する変革が行われました。企業の行動原則である「コーポレートガバナンス・コード」を制定し、上場企業に持続的な企業価値の向上をめざし、自ら考え実行してもらおうとしています。

加えて、企業が変わるために制定されたのが、「スチュワードシップ・コード」で、株主である機関投資家の役割や、行動原則も整備しました。投資家と企業の対話が推奨され、投資家による「エンゲージメント」と呼ばれる働きかけにより、企業が企業価値を高め、それに従って企業価値が持続的に向上することが期待されています。

2014年から、これら2つのコードを車の両輪とした資本市場の改革を市場参加者が進め、株価も持ち直してきました。

1980年代後半は、世界をリードする日本企業がたくさんあり、日本企業の存在感がきわめて高い時代でした。時価総額上位にも多数の日本企業が名を連ねていました。ところが、現在は世界を見渡したときに、日本企業を感じられる財やサービスはきわめて限定的になっている状況です。いまや時価総額上位には日本企業は存在しません。再び、世界をリードする日本企業が存在感を示すようになってほしいものです。

コードばかりではなく、市場を取り巻くさまざまな制度も整備しなければなりません。「企業情報の開示の充実」「監査の信頼性の確保」「会計基準の高度化」「市場の制度的基盤整備」についても、規制当局、東京証券取引所、市場参加者が協力して進めています。

また東京を国際金融センターにするとの構想も出ています。世界中の投資マネーが東京に集まるような構想を描いているのですが、なかなか実現していません。東京市場が世界の金融界で存在感を増すには、上場企業が企業価値を高め株価が持続的に上昇する状況を作らなければなりません。

資産運用業の課題2──業界内部の変革

　こうしたなかで、日本の資産運用業には、どういった特徴があり、それがどのような課題につながっているのでしょうか。

　先ほど、日本の資産運用業が急拡大していると述べましたが、米国と比べると、まだまだ規模が小さいという特徴があります。米国の資産運用業の契約資産残高は2021年末の時点で日本の約20倍あります。日本はようやくGDPと同程度です。このような比較的規模の小さい市場である一方、運用会社は外国系、国内系と数多く参入し、最もグローバルな競争状態になっています。

　また運用会社の歴史が浅いため、資産運用に詳しい人材が少ない点も特徴の1つです。明治維新の直後に、銀行、保険、証券取引所などの仕組みが作られてから150年近い歴史があり、これらの業態は知識も人材も蓄積があり

図表1-3　企業と機関投資家の行動原理

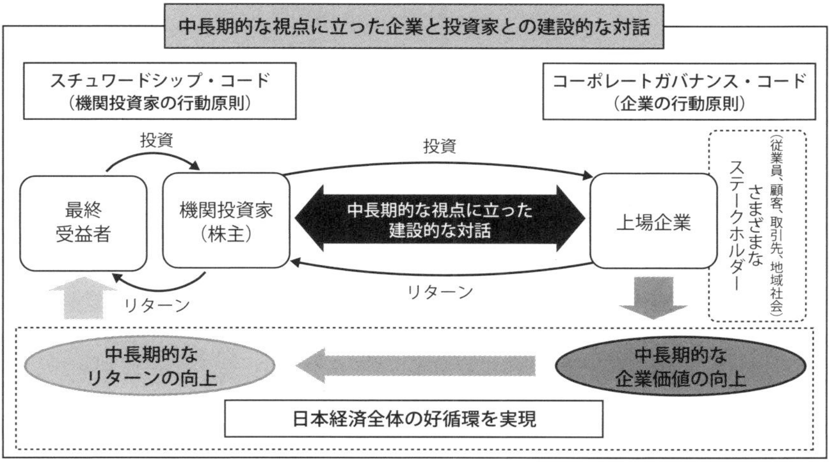

（出所）スチュワードシップ・コード及びコーポレートガバナンス・コードのフォローアップ会議資料（平成30年11月27日）.

ます。一方で資産運用業の歴史は概ね30年と非常に短いのが実態です。重要な役割を担っているにもかかわらず、資産運用業の要諦を理解した人材が乏しいという特徴もあります。そして日本の資産運用会社は、設立の経緯から銀行、証券、保険会社の系列会社が多く、人材面、資本面で独立性が乏しいといわれています。結果として運用会社としてのブランドが浸透していません。顧客から支持される金融商品を開発し、投資のパフォーマンスを向上させ、それを実現できる人材を育成することが、日本の資産運用会社の大きな課題といえるでしょう。

すでに指摘したように、日本の運用会社の強みは日本の資本市場で活動できることにあるはずですが、そこからのリターンが生まれにくいという課題もあります。市場参加者が改革を進め、持続的な企業価値の向上を通じ投資資金を呼び込むように活性化させなければなりません。

こうした課題に取り組むため、投資信託協会、日本投資顧問業協会は先ほど紹介した「資産運用業宣言2020」を制定しました。加えて実効性のあるスチュワードシップ活動を支援しています。資産運用業界の構成会社、働く人それぞれが研鑽を積み、運用力を強化し、中長期的な資産形成につなげていかなければなりません。こうした地道な取り組みが、顧客や社会の信頼を得ることにつながり、信頼を積み重ねることが最終的には資産運用業を発展させる鍵になるはずです。

● 受講した学生のみなさんへ

最後に、今日受講していただいた方へメッセージを送ります。ノーベル賞を受賞された先生方が若者にメッセージを発信しています。どのようなメッセージを発信しているかを調べると、共通した言葉が出てきます。みなさんの今後の人生にも、役立つかもしれません。

ノーベル賞を受賞された先生方は要約すると5つのことを発信しています。「簡単にあきらめるな」「人のまねはするな」「好奇心をもて」「人との出会いを大切に」「失敗をおそれるな」。簡単で当たり前のことのようですが、

それが社会に出ると、なかなかすぐ実践できるほど容易ではない、ということだと思います。

　例えば「人のまねはするな」「失敗をおそれるな」というメッセージはどうでしょうか。人のまねをすることは容易です。現実には、同じようなことを続けたために、誰もが市場で同じことをして、多くのビジネスが価格競争に陥ってしまう事例が目につきます。これでは新たな価値は生まれません。新しい価値を生み出さなければ、社会から「なくてはならない存在」と認知されません。

　新しいことを生み出すには「好奇心をもて」ということが重要だというメッセージも共通しています。仕事を進めるうえで「なぜだろう」と何回も問い直す姿勢です。加えて、新しい発見は他人から学ぶことでヒントを得ることがある、ということでしょう。人にはそれぞれ素晴らしいところがあります。「人との出会いを大切に」というメッセージは、そういった視点に気づかせてくれます。これからの人生を生きる道しるべとして、この5つのメッセージを活かしていただければと思います。

　新型コロナウイルス感染症の拡大で、大学の講義がオンラインになり、思うように大学生活を送れないと悩む学生のみなさんは多いと思います。しかし、こうした環境ではありますが、自ら学び考える時間ができたと前向きにとらえ、自分の将来に役立つ、社会の見方の軸を作る機会にしていただきたいと思います。

　金融業界、資産運用業界以外の道を歩まれるみなさんも、資産運用業、金融市場で何が起こっているかを理解することは大切です。金融市場の動きはどのような仕事にも関係するからです。また人生100年時代ですから、資産形成は誰もが直面する課題です。自らの資産形成や資産運用に関心を持ち続けていただきたいと思います。

問・運用会社から企業への「エンゲージメント」活動はうまく機能しているのでしょうか。

大場・企業も投資家もさまざまで、一言でうまくいっている、いっていない、と答えるのは難しいです。一部の企業は、このコードをうまく活用して、成長につなげています。しかし、形だけ整えて、実態は変わっていないという企業もあります。実効性を高めるために、金融庁と東京証券取引所、市場参加者が中心になって議論を進め、好事例を発信する取り組みを行っています。

問・中長期的な資産形成に役立つ金融商品にはどのようなものがありますか。

大場・個別商品ではなく、選び方の観点からお話しします。「長期」「積み立て」「分散」がキーワードになります。短期的にはいろいろなことが起きるので、長い時間軸で考える必要があります。時間という武器を有効に活用して増やす、という意識が重要です。分散は時間の分散に加え、投資対象の分散も重要です。

第 2 章

アナリスト的視点による日本企業分析

田倉 達彦

● 株式市場の長期的な動向

　最初に株式市場の長期的な動向をみていきたいと思います。図表2-1は世界の企業の時価総額上位30社の変遷を示したものです。左は1980年代末、日本の平成バブルの時期で、ジャパン・アズ・ナンバーワンといわれた時代です。中央は1990年代末のインターネットバブルの時代、そして一番右が、近年の米国テクノロジーブームを反映した2021年の3月の調査のランキングです。

　左の平成バブル期は、濃い影を付けた日本企業が上位30社をほとんど独占するという状況にありました。そこから10年後、1990年代末には日本企業は凋落し、薄い影を付けた米国企業が鮮やかに復活するという状況になっています。そして右の最近の状況ですが、基本的に米国企業の優位が続いています。ただ注目すべきはその中身が大きく変化していることです。アップルやマイクロソフトに加え、アマゾン、アルファベット（グーグルの持ち株会社）、フェイスブック（2021年10月、社名をメタに変更）といった新興企業が世界の時価総額の上位を占め、電気自動車メーカーのテスラも上位に登場しています。1990年代末の状況と比較すると、米国企業は新旧交代が進んでおり、企業の新陳代謝が活発であることが如実に表れています。

図表2-1　世界の時価総額トップ30の変遷

順位	1989年5月（ジャパン・アズ・ナンバーワンの時代）企業名	時価総額（億ドル）	所在国	順位	1999年12月（インターネットバブルの時代）企業名	時価総額(10億ドル)	所在国	順位	2021年3月（米国テクノロジーブームの到来）企業名	時価総額(10億ドル)	所在国
1	NTT	1,639	日本	1	マイクロソフト	583	米国	1	アップル	2,051	米国
2	日本興業銀行	716	日本	2	GE	504	米国	2	サウジアラムコ	1,920	サウジアラビア
3	住友銀行	696	日本	3	シスコシステムズ	353	米国	3	マイクロソフト	1,778	米国
4	富士銀行	671	日本	4	エクソンモービル	283	米国	4	アマゾン.com	1,558	米国
5	第一勧業銀行	661	日本	5	ウォルマート	283	米国	5	アルファベット（グーグル）	1,393	米国
6	IBM	647	米国	6	インテル	271	米国	6	フェイスブック	839	米国
7	三菱銀行	593	日本	7	NTT	262	日本	7	テンセント	753	中国
8	エクソン	549	米国	8	ルーセントテクノロジーズ	252	米国	8	テスラ	641	米国
9	東京電力	545	日本	9	ノキア	197	フィンランド	9	アリババ	615	中国
10	ロイヤル・ダッチ・シェル	544	英国	10	BPアモコ	196	英国	10	バークシャーハサウェイ	588	米国
11	トヨタ自動車	542	日本	11	IBM	195	米国	11	TSMC	534	台湾
12	GE	494	米国	12	アメリカオンライン	193	米国	12	ビザ（Visa）	468	米国
13	三和銀行	493	日本	13	トヨタ自動車	182	日本	13	JPモルガンチェース	465	米国
14	野村證券	444	日本	14	ドイツテレコム	182	ドイツ	14	ジョンソン&ジョンソン	433	米国
15	新日本製鐵	415	日本	15	シティグループ	180	米国	15	サムスン電子	431	韓国
16	AT&T	381	米国	16	AT&T	173	米国	16	貴州茅台酒	385	中国
17	日立製作所	358	日本	17	SBCコミュニケーションズ	173	米国	17	ウォルマート	383	米国
18	松下電器	357	日本	18	AIG	158	米国	18	マスターカード	354	米国
19	フィリップ・モリス	321	米国	19	メルク	156	米国	19	ユナイテッドヘルス	352	米国
20	東芝	309	日本	20	MCIワールドコム	152	米国	20	LVMHモエ・ヘネシー・ルイ・ヴィトン	337	フランス
21	関西電力	309	日本	21	コカ・コーラ	149	米国	21	ウォルト・ディズニー	335	米国
22	日本長期信用銀行	309	日本	22	ホーム・デポ	149	米国	22	バンク・オブ・アメリカ	334	米国
23	東海銀行	305	日本	23	BT	145	英国	23	プロクター&ギャンブル	333	米国
24	三井銀行	297	日本	24	プロクター&ギャンブル	140	米国	24	エヌビディア	331	米国
25	メルク	275	米国	25	オラクル	137	米国	25	ホーム・デポ	329	米国
26	日産自動車	270	日本	26	ロイヤル・ダッチ・シェル	130	英国	26	ネスレ	322	スイス
27	三菱重工業	267	日本	27	ジョンソン&ジョンソン	128	米国	27	中国工商銀行	290	中国
28	デュポン	261	米国	28	ファイザー	127	米国	28	ペイパル	284	米国
29	GM	253	米国	29	ノーテルネットワークス	125	米国	29	ロシュHD	283	スイス
30	三菱信託銀行	247	日本	30	デルコンピュータ	122	米国	30	インテル	261	米国

（出所）PwC Grobal Top 100 companies, Worldscope; THE BUSINESS WEEK GLOBAL 1000.

この章では、このような株式市場のダイナミズムと日本企業について、分析的な視点で考えていきます。

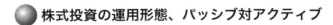 株式投資の運用形態、パッシブ対アクティブ

　株式投資の運用形態は、市場全体に投資するパッシブ運用と銘柄を選別して投資するアクティブ運用に分けることができます。パッシブ運用では市場全体の動きを表す「インデックス」という平均値の概念が重要です。運用ビジネスでは、日本ではTOPIX、米国ではＳ＆Ｐ500等が代表的な市場インデックスとして使われています。

　運用形態に関して、ファイナンス理論において「効率的市場仮説」と呼ばれる重要な考え方があります。これは、株式市場ではすべての情報はただちに株価に織り込まれ、投資家は市場平均を上回る超過リターンを得ることはできないというものです。

　市場の価格形成は効率的であるという「効率的市場仮説」の考えに立つと、市場インデックスに投資するのが合理的ということになります。一方、市場は必ずしも効率的ではないとの立場で、市場平均を上回る超過リターンを追求する投資を「アクティブ運用」といいます。この超過リターンを投資用語ではアルファ（α）と呼んでいます。

　この運用形態の重要な差異は、アクティブ運用には調査活動のためのコストが不可欠であるということです。調査コストの存在は、近年の低金利の環境や運用会社の取引手数料規制を背景に、業界の構造や資金動向に大きく影響を与えています。この点、パッシブ運用はコスト面での優位性が評価され、近年ETF（上場投資信託、第15章参照）の形で急拡大しています。

　アクティブ運用では手法の違いを「スタイル」と表現します。代表的なスタイルに「グロース」（成長性重視）と「バリュー」（割安度重視）があります。代表的な株価指標であるPER（株価収益率＝株価／一株利益）を使って、分子（株価）、分母（一株利益）のどちらの動きを重視するかで、2つのスタイルの違いを説明することができます。

グローススタイルは、企業の本源的な成長への投資を重視し、PERの分母の利益水準に注目します。利益の伸びる企業は、それに応じて株価も上昇するという考え方です。一方で、バリュースタイルは分子の株価の動きに注目します。一時的に株価が下落している割安株を探し、それが修正される動き（平均回帰）を捉えてリターンを追求します。

● 企業価値評価の手法——アナリストのボトムアップアプローチ

　アクティブ運用では、市場は非効率的であり、超過リターン、すなわちアルファが獲得できると考えます。そこでは個別企業の分析を行うためのリサーチ（調査）が必要となり、それを担当するのがアナリストです。アナリストの分析手法は、個々の企業の情報を積み上げていくため、「ボトムアップアプローチ」と呼ばれています。

　アナリストは企業の業績予測に基づき企業価値の評価を行いますが、基本的に同一業種内の企業について相対評価を行います。その際のステップは、まず当該企業の属する業種の実態を分析し、そのなかで他社対比の競争優位のレベルを評価するというものです。このアプローチは、米国の経営学者マイケル・ポーターのポジショニング理論に沿ったものといえます。ここでは、企業の経営は競争上の有利なポジションを占めることが課題とされます。そのためにポーターは業界の競争状態を5つの要因で分析することを提唱しています。

　それは、①新規参入の脅威、②代替製品・サービスの脅威、③買い手（顧客）の交渉力、④売り手（供給者）の交渉力、⑤競争業者間の敵対関係で、これらの要因が良好か否かを評価していきます。いずれかが厳しい場合、その分競争は厳しくなり、企業の収益環境も不安定化するわけです。また、他社対比の競争優位に関しては、ポーターは大きく2つの戦略ポジションを提唱しており、コストリーダーシップと差別化戦略がカギを握ると考えます。

　以上の競争戦略論は古典的なアプローチともいえますが、このような規範的な考え方を参考に、アナリストは将来にわたり強みを発揮できる企業に注

目していきます。

限界利益分析とROE

　次に企業の業績予測プロセスについて説明します。アナリストは、まずその企業の業績の方向性に仮説を置いて、その妥当性を検証し、そのうえにさらなる仮説を置いて、検証、判断というサイクルを回していきます。こうした取り組みは、アナリストのみならず、調査という仕事に共通のものといえるでしょう。また、調査の過程でインサイダー情報——内部者しか知りえない未公開の重要情報——の利用を避けることが求められます。違反すると刑事罰の対象になります。アナリストは、公開された重要情報と非公開の非重要情報の組み合わせから自分の判断を導出しなければなりません。一般的に入手可能な情報ピースを集めて、ジグソーパズルのように全体像を描いていく必要があるわけです。こうした方法論はモザイクセオリーと呼ばれています。

　アナリストの業績予測に関しては、財務諸表を読み解く力が必要です。その際の実務的な視点の1つが、損益分岐点に関連した限界利益の分析です。限界利益とは売上から変動費を控除したもので、これが固定費と等しくなる点が損益分岐点です。売上の増減と営業利益の変動の関係を把握するうえで、限界利益の構造を理解することが重要となっているのです。

　アナリストの企業価値評価に関連し、重要な指標の一つがROE（自己資本利益率＝当期純利益／自己資本）です。ROEの改善がなぜ重要かというと、自己資本の成長に直結しており、株主の持ち分が増えるドライバーになるからです。ROEの評価に際しては、売上高利益率、総資本回転率、財務レバレッジの3つに分解し、事業特性などを考慮してその動向を分析します（図表2-2）。それぞれのコンポーネントの実態を理解することは、企業価値向上のための視点を与えてくれます。

　一般に、売上高利益率については欧米の企業、特に米国企業との比較において日本企業の水準が低いと指摘されています。また、総資本回転率ではグ

図表2-2　ROEの分解（デュポンモデル）

$$\frac{\text{当期純利益}}{\text{自己資本}} = \frac{\text{当期純利益}}{\text{売上高}} \times \frac{\text{売上高}}{\text{負債＋自己資本}} \times \frac{\text{負債＋自己資本}}{\text{自己資本}}$$

ROE　　　　①売上高利益率　　　②総資本回転率　　　③財務レバレッジ

ローバルに売上を伸ばすビジネスの展開力が重要と考えられます。財務レバレッジは欧米企業と比べて大きな差異はないという評価になっています。

　アナリストは地域を分けて企業調査を行いますが、日本ではROEが相対的に低く、高い売上高利益率を実現するビジネスモデルの不足が指摘されます。この点、アナリストにとって、グローバルな視野で調査対象企業を広げていくことが課題となっていると考えられます。

● 株価の分析法──ファンドマネージャーの視点

　さて、最初にみたトップ30から日本企業が凋落した背景に関し、ここでは、投資判断を行うファンドマネージャーのトップダウン的な視点を交え考えてみます。

　その際のアプローチとして定率成長配当割引モデル（DDM）を取り上げ、株式市場における価格形成のメカニズムを考えたいと思います。

　企業の利益は長期的に株主の配当（D）に還元されるという前提から、将来の配当流列の割引現在価値の総和が株価（P）であると考えます。

　DDMの理論値を構成する5つの要因を図表2-3に示していますが、特に金利、リスクプレミアム、利益成長が重要です。日本市場の状況を確認してみましょう。

　まず金利については、一般的に長期金利の指標である10年国債の利回りを使いますが、バブル崩壊後の8％前後の水準から一貫して低下し、一時的にマイナスまで下落しました（図表2-4）。モデルにしたがえば、金利の低下は株価を押し上げる要因なのですが、デフレ的な経済環境がより問題でした。実際、名目金利から消費者物価を引いた実質金利は長らく2％前後で高止ま

図表2-3　株価の決定要因：定率成長配当割引モデル（DDM）

定率成長配当割引モデル（DDM）

$$P = \frac{D_1}{r - g}$$

株価 P
次年度配当 D_1 ＝当期利益 E ×配当性向 PO
期待収益率 r ＝無リスク金利＋リスクプレミアム
成長率 g ＝（1－配当性向 PO）×ROE

モデルの構成要素

①現在の利益（与件）
②配当性向（成長率の維持・向上を可能にする水準で設定）
③**金利（実質金利＋インフレ率→名目金利）**
④**リスクプレミアム（投資家心理→リスク回避度）**
⑤**利益成長（企業業績→ROE）**

りしていました。実質金利は、経済活動に影響する重要な指標ですが、これが名目金利を上回り、引き締め状態にあったことが経済の重荷になったわけです。その後、2013年以降に日銀が異次元の金融緩和に踏み込んだことで、実質金利が低下し、景況感の改善を伴って株価は上昇に転じました。

　次にリスクプレミアムですが、これは「リスクのある投資資産に対して支払われる対価」であり、無リスク金利に上乗せされる要求リターンとなります。現在の日銀の異次元緩和政策は、その目的に資産市場におけるリスクプレミアムの引き下げが含まれています。モデル上、リスクプレミアムが低下し分母の期待収益率 r が低下すれば、株価の上昇が期待できます。日銀はこの政策の一環として、株式ETFの買い入れを積極化してきました。確かに株価は回復傾向をたどりましたが、中央銀行の介入は「市場の価格形成」を阻害する可能性があり、今後の行方が注目されています。

　図表2-5は株価とROEの関係を表したものです。グラフは縦軸に株価水準（PBR）、横軸に期待ROEをとって、過去の動きをプロットしていますが、その有機的な関係がみて取れると思います。

　株価は企業価値に対するコール・オプションとされます。これは、リスク

図表2-4 実質金利とデフレ構造（1990年1月〜2021年8月）

（注）消費税による一時的な物価押し上げ効果.
消費税率が引き上げられると通常は物価が上昇する. 消費税は, 1997年4月1日に3%から5%, 2014年4月1日に5%から8%, 2019年10月1日に8%から10%に引き上げられたが, グラフではそれぞれ消費者物価への影響がみられる.
（出所）総務省統計局；財務省.

マネーを提供する株主の取り分は、最後に残る残余財産請求権を意味するからです。グラフから、ROEが低位の場合には、株価は簿価純資産のレベルに留まります。ところがROEが8％を超えて上昇すると、株主の取り分の増加期待が高まり、株価が上昇するという関係にあります（コール・オプションのペイオフ）。2014年に公表された「伊藤レポート」で、日本企業はROE 8％以上をめざすべきという提言がありましたが、この図表の関係と整合性があることが確認できると思います。

　経済成長に関し、「長期的に企業価値（株価）の向上を実現する企業の存

図表2-5　株価（PBR）とROEの関係

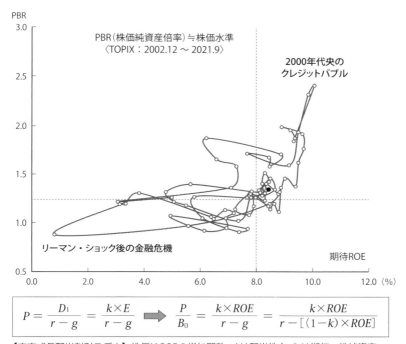

【定率成長配当割引モデル】株価はROEの増加関数：kは配当性向，B_0は期初一株純資産

（出所）日本経済新聞 投資指標より作成.

在が、経済が成長するための基本要件になる」という命題が、株式市場の存在意義を問うものとなります。残念ながら日本の株式市場には累積的な上昇力が欠けています。その背景に、イノベーションによって経済成長をけん引する企業が少なくなっている点があると考えられます。

　資産運用ビジネスは、そうした状況を変える有望な企業が成長機会にチャレンジできるよう、市場を通じて資本を配分するという役割を担っています。日本経済の成長には質の高い金融市場が必須であり、資産運用ビジネスにはそのような市場インフラの中核としての役割が求められているといえる

でしょう。

問・インデックス・ファンドの残高はどんどん増えています。アナリストの存在価値が問われているように思えます。

田倉・資産運用業界では、パッシブ化の動きに加え、外部リサーチのコストなどの明示化が求められています。どんぶり勘定型のリサーチは厳しくなり、本当に付加価値を生み出すリサーチが求められる厳しい環境にあるといえるでしょう。一方で、アナリストは質の高い市場機能を担保するための必須のインフラであることに変わりはありません。深い洞察力を有し、独自性や創造性の豊かなアナリストにとっては、むしろ力を発揮するチャンスなのだと思います。

第**3**章

公的年金とESG投資

塩村 賢史

● GPIFの役割とESG投資

　今回の講義では、GPIFの紹介と、そこで私が取り組んでいるESG投資について話します。GPIF（年金積立金管理運用独立行政法人）は年金積立金を管理・運用する行政組織で、運用資産は約200兆円と世界最大級の資金を持つ年金基金です。私はGPIFで、投資戦略の立案、ESG指数の選定、ESG情報開示等を担当しています。

　公的年金は、人生のリスクに備えて国民がお金を出し合う助け合いの仕組みです。特に、高齢者の生活を将来にわたって支える大切な役割を果たしています。日本の年金は、高齢者の生活を現役世代が支える「賦課方式」制度を基本としています。現役世代が将来受け取る年金は、その子どもや孫たちの世代が納める保険料でまかなわれることになります。その保険料の一部を積み立て、投資に回して増やしています。

　少子高齢化が進むと、今の現役世代は、年金がもらえなくなるといわれることがありますが、そうではありません。ただ、将来世代の負担が重くなる可能性が高いので、負担を減らすために年金給付の余剰分を積立金としてプールし、運用でお金を増やすことがGPIFの役割です。100年間のトータルでは、年金財政の1割を積立金が担うと想定されています。

私たちの投資の特徴は2つあります。長期投資と国際分散投資です。GPIFは100年単位で制度が持続することを考えている超長期投資家です。また、運用資産を世界中の株式や債券などに分散させています。

　100年単位で運用を考えると、その未来まで経済が持続的に成長して金融市場が拡大し、その結果としてGPIFの資産が増え続けることを考えなければなりません。個人投資家では、良い会社を選んで投資するのが一般的かもしれません。しかしGPIFの投資は、期間が非常に長く、運用資産も巨額ですので、経済の成長に合わせて投資収益が出ることをめざしています。そして、金融市場に悪影響を与えかねない社会問題や環境問題などのESG（Environment, Social, Governance）課題が解決されることも重要になります。

　GPIFは投資の憲法ともいえる投資原則を持っています。その第4条に、ESG投資をする目的と条件が書かれています。

　　「投資先及び市場全体の持続的成長が、運用資産の長期的な投資収益の拡大に必要であるとの考え方を踏まえ、被保険者の利益のために長期的な収益を確保する観点から、財務的な要素に加えて、非財務的要素であるESG（環境・社会・ガバナンス）を考慮した投資を推進する。」

　つまり、社会をよくするためにESG投資をするのではなく、「被保険者の利益」「投資収益を確保」のために行うとしています。

　またGPIFは公的資金を預かる性格上、その活動に制約があります。

　例えば、GPIFが個別の企業を選んで投資を行うのではなく、資産運用会社を選び運用をしてもらう、「投資一任契約」を結んで実行しなければなりません。

　これは、時の権力者などが個人的理由や別の施策実現のために国民の大事な年金積立金を使うことを防ぎ、また巨額な運用資産により、民間企業の経営に過度に介入して経済活動を歪めないようにするためでもあります。

　しかし、まったく何もしない、何もできないということではありません。

図表3-1 インベストメントチェーンにおけるGPIFの立ち位置

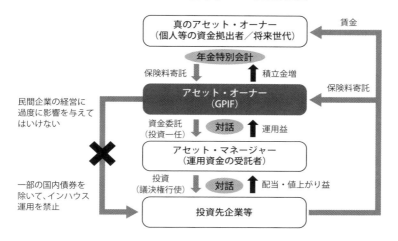

運用を委託する資産運用会社を選ぶ際には、投資先企業に対してどのような対話を行っているのか、ESGを考慮した取り組みを行っているのか、なども大事な評価ポイントとなっています。

　投資の資金の流れを示すインベストメントチェーンという言葉があります。図表3-1は将来世代、GPIF、アセット・マネージャー、投資先企業の関係をわかりやすく示したものです。アセット・オーナーのGPIFはアセット・マネージャー（資産運用会社）と、真のアセット・オーナーである年金資金の拠出者や将来世代の中間に立って、資本市場の持続可能性を高めるという観点で活動しています。

拡大するESG投資

　ESG投資は拡大を続け、すでに投資の本流になっています。GLOBAL SUSTAINABLE INVESTMENT REVIEWという調査が2年に一度行われ、ESG投資の総額を調べていますが、2020年は35.3兆ドル、4000兆円ぐらい（当時のレートで換算）の規模になっています。

ESG投資は特に欧州で盛んです。GPIFも被保険者の国民のみなさんがどのような感覚を持っているのかを重視しています。欧州では気候変動、ESGの課題に対して社会的にも、政府や金融市場などの関係者の間でも関心が高く、投資に影響を与えており、日本よりも影響力がはるかに大きいです。

　価値観からタバコやギャンブルなどに関わる企業への投資は行わないという「Negative/exclusionary screening」や国際的な規範に反する企業には投資を行わないという「Norms-based screening」など、いわゆる「ダイベストメント」と呼ばれる投資は近年減ってきています。一方で、市場平均より良い運用成績が期待できるという理由でESG投資をする動きが増えていると指摘されています。収益拡大に必要であるという考え方をする投資家が増えているからこそ、ESG投資がメインストリームになっているのです。

　GPIFもESG投資を積極的に行っています。ESG指数に基づく株式運用だけで投資総額は10兆円を超えており、このスタイルの運用では、一機関としては世界最大規模でしょう。国連がPRI（責任投資原則：Principles for Responsible Investment）を提唱し、GPIFも2015年に署名しました。そこからESG投資を積極化しており、ESG指数に基づくパッシブ運用を拡大しています。ESGの要素を総合的に評価した指数、さらにテーマ別の指数、例えば女性活躍を評価する指数や、売上高あたりの温室効果ガス排出量が少ない企業の投資ウエイトを高める指数に投資をしています。GPIFがESG投資を開始した2017年から現在に至るまで、こうしたESG投資の運用成績は市場平均のパフォーマンスを上回っています（図表3-2）。

　GPIFがESG投資を積極的に始めた2017年ごろは、国内でESG投資は定着していませんでした。国民の大事な年金積立金をこのようなものに投資するのかという批判的な声もありました。ご理解をいただくために、「ESG活動報告」という冊子を作り、その重要性や意義、効果について、説明をしてきました。

　また国際的に、気候変動に伴う財務的なインパクトを投資行動に反映する動きが広がっています。気候関連財務情報開示タスクフォース（TCFD）が

図表3-2　ESG指数のパフォーマンス

（A）GPIFが採用しているESG指数の推移（対TOPIX）

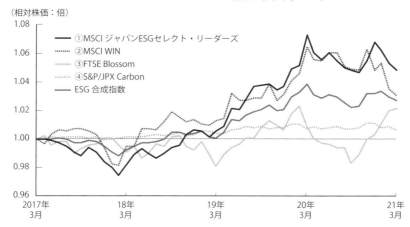

（注1）2017年3月末時点の相対株価を1としたもの.
（注2）ESG合成指数は，国内株式ESG指数（①-④）を等ウエイトで合成した指数.
（出所）FactSetデータよりGPIF作成.

（B）GPIFが採用しているESG指数のパフォーマンス　　　　　　　　　　　　　（%）

	2017年4月～2021年3月（過去4年、年率換算後）				
	収益率			超過収益率	
	(a)	(b)	(c)	(a-b)	(a-c)
	当該指数	親指数	TOPIX	親指数	TOPIX
①MSCIジャパンESGセレクト・リーダーズ	10.38	9.51	9.07	0.87	1.31
②MSCI WIN	9.89	9.51		0.38	0.82
③FTSE Blossom	9.65	9.57		0.08	0.58
④S&P/JPX Carbon	9.23	9.07		0.16	0.16
	当該指数	親指数	MSCI ACWI ex Japan	親指数	MSCI ACWI ex Japan
⑤S&P Global Carbon	13.23	13.41	13.38	−0.18	−0.14
⑥MSCI ESGユニバーサル	13.89	13.24		0.65	0.52
⑦Morningstar GenDi	13.91	13.77		0.14	0.53

（注1）指数収益率は配当込みの収益率，収益率およびリスクの算出期間とGPIFが実際に運用した期間は異なる.
（注2）①-⑦の親指数（指数組入候補）.
　　　　①MSCI JAPAN IMI TOP700，②MSCI JAPAN IMI TOP700，③FTSE JAPAN ALL CAP，④TOPIX，
　　　　⑤S&P Global Large Mid（ex JP），⑥Morningstar Developed Markets（ex JP）Large-Mid，⑦MSCI
　　　　ACWI ex Japan ex China A.

2015年にG20の要請で設置され、情報開示ルールの作成などの取り組みが行われておりますが、GPIFもそれに賛同しています。

2022年4月、東京証券取引所でグローバル投資家との建設的な対話を中心に据えた企業向けにプライム市場が作られました。そこでは気候変動に係るリスクおよび収益機会が自社の事業活動や収益などに与える影響について、TCFDまたはそれと同等の枠組みに基づく情報開示が求められています。TCFDなどへの対応はGPIFも取り組んでおり、かなり大変だということを身に染みて感じているのですが、日本企業もそれに向き合う必要が出てきます。これは大きな変化ですし、企業の行動も変わっていくでしょう。

ただし企業がESGに取り組んだからといって、株価がすぐに上がったり企業収益がすぐに向上したりするわけではありません。また我々投資家は「稼いでなんぼ」の世界です。投資家は企業を選んで対話をし、企業側もESGに沿った対応をして自らの企業価値を高めるという、PDCA（Plan-Do-Check-Act）サイクルをそれぞれの立場で当事者が回さなければなりません。ESG投資の成果が出るまで、つまり企業が変わり、社会が良い方向に変化し、投資収益が上がるまで、10年単位の期間がかかると考えています。

● ESG投資の課題──開示情報の統一

GPIFがESG投資を進めるなかで、多くの課題がみえてきました。その大きなものはESG評価がバラバラであるということです。あるESG評価会社が高い評価をした企業が、別の評価会社では低く評価される場合があります。このように評価がバラついている状況で投資を行うことについて、批判的な意見は当然あります（図表3-3）。

ESGをめぐる企業評価がバラバラである理由は主に3つあると考えています。

1つ目は企業の問題で、企業ごとに出す情報が異なることです。企業側が何を開示すべきかわからないのです。2つ目は、同じ開示項目であっても基準が統一されていないということです。金額で評価できる財務諸表の面では

尺度がほぼ一緒で、会計基準による会計処理の違いはあるものの、その差は限定的です。ところが、ESGは尺度の標準化がまだ進んでいません。例えば温室効果ガスが重要な情報になりつつありますが、その測定方法にルールはあるものの、厳密に同じ物差しで測られているわけではありません。

これら2つには、世界で統一基準を作る動きがあります。企業の財務情報を統一するためのＩＦＲＳ財団（アイファース）という機関で、サステナビリティに関する統一基準を作ることが2021年に合意されました。しかし基準の作成は非常に難しい作業で、社会の課題などは何を評価すべきか意見の相違があります。

3つ目はESG評価手法の精度が低いという問題です。ESGは評価会社、資産運用会社などで、ごく一部の人たちがみていたものが、急にメインストリームに躍り出てきました。ですから評価手法などにまだ未成熟なところがあるのです。また、財務分析に基づく企業評価以上にESG評価会社ごとの評価の哲学・評価軸の違いが大きい点も問題です。

この3つの課題を解決するために、GPIFはさまざまな取り組みを行っています。企業とESG評価会社の間の対話を促し、またESG評価会社にはESGの評価手法の開示を要請しています。企業が自社への評価に対して不満があれば、反論することもできるわけです。また今までは一部の大企業しかESG評価をつけられていませんでした。日本の上場会社は3000社を大きく上回っており、評価会社からすれば、経営のリソースの問題から全部みることは難しいわけです。それを増やすよう資産運用会社とともに要請しています。今では約1300社、時価総額でいえば、東証の98％前後の会社に評価がついた状況になっています。

ESG評価会社によるESG評価をみると、日本企業の評価は2017年と比べて2020年には大きく改善しています。ただ国別ランキングをみると、英、フランス、カナダが常に上位で、日本は4番目、米国より上という状況が続いています。日本企業のESG対応は強化されてきていますが、世界の企業でもESGの取り組みを強化しており、国際的な地位が上がっているわけではないということになります。

図表3-3　FTSE社とMSCI社のESG評価の相関図（国内株式、2021年3月末時点）

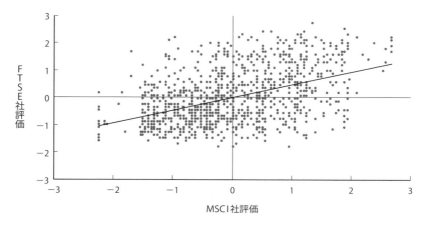

(注) MSCI社およびFTSE社のESG評価を標準化（平均0，分散1）し，プロット.
(出所) MSCI社，FTSE社提供データよりGPIF作成.

　またGPIFは資産運用会社に、議決権行使の賛否を指示することはできないのですが、対話を促したり、企業とどのような対話をしているのかなどを聞くことはできます。また個別企業の経営に介入はできませんが、どのような対話を資産運用会社としているかを聞くことはできるため、それをヒアリングし、そうした情報を資産運用会社の採用や評価に役立て、ESGの視点がGPIFの投資に反映されるようにしています。

● GPIFポートフォリオの気候変動リスク・機会分析

　ESGの中で気候変動は非常に大きなテーマです。GPIFでは2019年度からTCFDに沿った情報開示を行っており、2020年度からは「GPIFポートフォリオの気候変動リスク・機会分析」というレポートをまとめ、公表しています。

　カーボンフットプリントの測定、つまり投資先企業が生産活動でどの程度、温室効果ガス（GHG）を排出するかなどの計測、企業のGHG削減目標

の設定と削減行動の分析など新しい取り組みをしています。企業のGHGの評価においては、サプライチェーン全体をみるような分析もしています。

　また、気候変動が企業価値や株価にどのような影響を与えるのかについて、分析をしました。そこで興味深い結果が出ました。今世界では、気候変動への対応として、気温上昇をどの程度に抑えるかが議論されています。そのなかで、2100年までの対応策で1.5度、2度、3度の上昇シナリオが示されています。上昇幅が小さいほど厳しいGHG排出規制等が行われます。直感的には、規制が強化されると、増税や負担で、企業価値は減り、株価が下がると思われるでしょう。実際にその直感どおり、外国株、国内外の債券はいずれのシナリオでも下落し、規制が厳しいほど、つまり1.5度のほうがその減価幅は大きくなりました。しかし日本株は1.5度シナリオのときに企業価値、株価が上昇し、規制が緩いほど価値が下がるという、他の資産クラスとは異なる分析結果となりました。

　つまり厳しい規制が加わると、企業価値が上がる日本企業が多いということを意味します。日本企業は、低炭素関連の技術をたくさん持っていますが、現状ではそれが収益に結びついていません。環境の規制を厳しくすると、日本企業の企業価値が高まる可能性があることを示唆しています。

質疑
応答

問・気温上昇のシナリオ別で規制が厳しい1.5度シナリオの場合、国内企業の企業価値が逆にプラスになるという説明が非常に印象的でした。国内株式は外国株式とまったく正反対の動きをしていますが、その理由と背景を教えてください。

塩村・この分析では、気候変動による「政策リスク」「技術的機会」「物理的リスク」の3つの要素について評価を行っています。技術的機会については、各企業が持つ低炭素技術に関する特許と現在の

低炭素技術関連収益をもとにして、企業が将来にわたって生み出す低炭素技術からの収益を推計し、現在価値で評価しています。また、この分析では、炭素価格などの「政策リスク」と「技術的機会」はコインの表裏の関係にあるという仮定に基づいています。したがって、厳しい環境政策がとられたほうが「政策リスク」は高まりますが、「技術的機会」も同程度に大きくなります。つまり、温室効果ガス排出量の多い企業から、低炭素技術に関する特許を保有している企業に収益が移転するわけです。日本企業は海外企業と比較して低炭素技術に関する特許を多く保有していることから、多くの収益を獲得し、企業価値や株式価値も増大すると推計されています。

第4章

PE（プライベート・エクイティ）投資

佐々木 康二

● 必要とされるPE投資──社会的期待の高まり

　私とPE（プライベート・エクイティ）との出会いは、1985年に日本長期信用銀行（新生銀行の前身）入行後、アドバイザーの立場で日本の顧客が米国の大手PEファンドの投資先を買収するお手伝いに関わったときにさかのぼります。「企業丸ごとに投資するビジネス」は大変新鮮でいつか日本でもと思っていたところ、1998年、東京海上グループ傘下の東京海上キャピタル（2019年、MBO（マネジメント・バイアウト）によって独立。現在ティーキャピタルパートナーズ）に移り、PEの黎明期からファンド運営を開始し現在に至っています。

　さて、まだ一般に周知されていないかもしれませんが、PEはすでに日本の社会で2つの意味で大きな役割を果たしつつあります。まず資金の受け手として、低金利の中ハイリスク・ハイリターンのオルタナティブ金融商品の1つとして注目されています。もう1つは、資金の出し手として、増加する事業承継問題や長引く日本の産業再生のソリューションの1つとして官民からも期待されています。

　PE投資は、広義では文字どおり非上場企業の株式に投資することを指しますが、狭義では、企業のライフサイクルに応じて、ベンチャーキャピタル

図表4-1　企業のライフサイクルの中でのPEの活動領域

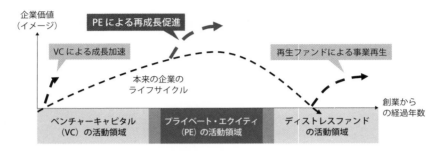

投資、狭義のPEファンド投資、ディストレスファンド投資に分類されます。

　図表4-1は、企業のライフサイクルを図にしたものです。ヒトやモノと同様、企業にも創業、成長、成熟、衰退といったライフサイクルがあります。創業時は急成長した企業でも、やがて商品やサービスの価値は技術革新、社会の変化、商品の流行などで陳腐化し、また肝心の経営者も歳をとるため、放置しておくと成長が止まり倒産もありうるのです。

　まずはベンチャーキャピタル（VC）から説明します。創業時は先立つお金が必要ですが、事業リスクが高いので銀行は簡単には融資してくれません。そこでVCが登場し、多くの場合は複数でリスク分散をして少数持株比率（マイノリティー）で出資します。一方で、事業が衰退期に入り行き詰まった場合に事業再生目的で投資するのがディストレスファンド投資です。いずれも投資リスクは高いのですが、その分投資が成功するとリターンも大変高いのが一般的です。

　この点、狭義のプライベート・エクイティは、成長期の後半から成熟期にある企業に大口の投資をします。このステージの企業は、成長するスピードは落ちていても、知名度はあり信用も高いので当面は安定して潤沢なキャッシュフローを生み出すことができます。ただ、成長するスピードが落ちている原因をずっと放置するといつかは衰退期に入ってしまいます。そこで、PEファンドが、対象企業の株式の過半数に投資し（マジョリティー投資。後述

図表4-2　PEのガバナンスの特徴

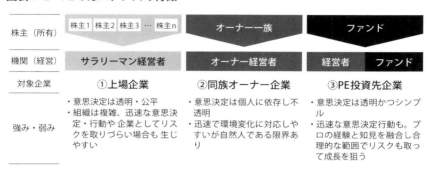

株主（所有）	株主1　株主2　株主3　…　株主n	オーナー一族	ファンド	
機関（経営）	サラリーマン経営者	オーナー経営者	経営者	ファンド
対象企業	①上場企業	②同族オーナー企業	③PE投資先企業	
強み・弱み	・意思決定は透明・公平 ・組織は複雑、迅速な意思決定・行動や企業としてリスクを取りづらい場合も生じやすい	・意思決定は個人に依存し不透明 ・迅速で環境変化に対応しやすいが自然人である限界あり	・意思決定は透明かつシンプル ・迅速な意思決定行動も。プロの経験と知見を融合し合理的な範囲でリスクも取って成長を狙う	

のLBO投資では通常全株式）、企業の経営に参加しさまざまな施策を行うことによって、一緒に再成長（企業価値向上）をめざそうとするわけです。したがって、逆説的に聞こえますが、PEが投資対象とするのはいわゆる「良い会社」です。

　そんな「良い会社」への投資機会がたくさんあるのか、と疑問に思われたかもしれません。でも日本には300万社以上の会社があり、株式を上場する企業はそのうちの0.1％程度にすぎません。それ以外の99.9％の企業が非上場会社、具体的にはオーナー企業（同族企業）か企業コングロマリットの傘下にある子会社などで、PEが投資対象とする母集団はこのように大きいのです。なお、PEは上場企業の株式を公開の場で買い付けて（TOB）非公開化する場合もあります。

　次に、なぜ株式の過半数の投資が必要なのかという疑問もあるでしょう。企業の意思決定という点に着目しつつ図表4-2をご覧ください。

　まず、①上場企業は、不特定多数の株主向けに説明できるよう意思決定は透明性・公平性が高い反面、組織が複雑で意思決定が遅くなりがちです。②同族オーナー企業は、オーナー個人が何でも決められるので意思決定は速いのですが、いかに優秀なオーナーでも個人の能力には限界があり、また高齢化や死亡のリスクもあります。この点、③PEは、投資先企業の過半数を保

有し専門チームを組成して取締役会（ボード）の過半数を把握しますが、日常の経営は経営者に委任し重要な経営課題に絞って関与するパターンが多いのです。つまりPEファンドのガバナンスは「迅速性と合理性の良いとこ取り」のシンプルな構成で、これがPEの神髄である企業価値向上に必要な仕立てというわけです。一方で、PEファンドは投資先企業はじめ多くのステークホルダーに対して大きな影響力を持つことになるので、ファンド自らが経営理念や高い倫理性を持つ必要があるでしょう。私が勤めるファンドは、かねてから経営陣との関係を「上から目線」ではなく「横から目線」であるよう意識し、また「ESG投資」の理念を共有し、経営陣のみなさんとの相互信頼を大切にしています。

● PEファンドの仕組み

次に、PEファンドの仕組みについて説明します。PEファンドは、日本ではクローズエンドの投資事業有限責任組合として、運営の全責任を負う無限責任組合員（GP）が、出資額以上は責任を負わない有限責任組合員（LP）を募集して組成します。その後、GPは、5年程度かけて投資先を発掘し、投資実行のたびにLPから出資の払い込みを受け、順次投資した企業（通常8社から10社超程度）に対して数年かけて企業価値向上の施策を講じ、個別に株式を上場やM＆Aを通じて売却（EXIT）し、都度手取金を投資家に分配するのが一般的です。出資契約締結時点では投資対象は決まっておらず、元本保証もないので比較的リスクが高い金融商品と定義されますが、一方で期待リターンは高く2桁の利回り実績を上げるファンドも少なくありません。ちなみに、私たちが運用した過去5件のファンドはすべてこの水準の実績を上げています。

それでは、PEファンドは、どのようにしてリターンを上げるのでしょうか。株式投資なのでキャピタルゲインの極大化が目的ですが、PE投資は会社丸ごとに投資（以下株式100％を投資するものとして説明します）するのでPE特有の仕組みがあります。

図表4-3　PEのキャピタルゲインの源泉

> 全企業価値（EV）＝EBITDA×Multiple
> 全株式価値（Eq）＝全企業価値（EV）－純有利子負債※（Net Debt）
>
> ※純有利子負債＝有利子負債－現預金

キャピタルゲインは、投資時点から資金回収（EXIT）時点までの全株式価値の差（Eq2－Eq1）なので、これを極大化させるには、上記の両式から、分解した構成要素ごとに以下の着眼点を持つことが大切です。

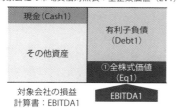

投資時点
対象会社の市場貸借対照表：全企業価値（EV1）

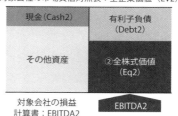

EXIT時点
対象会社の市場貸借対照表：全企業価値（EV2）

投資時点の全株式価値①Eq1＝（ EBITDA1 × Multiple1 ）－（ Debt1－Cash1 ）
EXIT時点の全株式価値②Eq2＝（ EBITDA2 × Multiple2 ）－（ Debt2－Cash2 ）
キャピタルゲイン＝②－①

(1) 投資期間中に、対象企業が生み出すEBITDAの水準を高める（EBITDA2－EBITDA1を高める）

(2) 投資時点で「割安で」（Multiple 1）投資し、EXIT時点で「割高で」（Multiple 2）売却する

(3) 投資期間中に純有利子負債の削減を極大化する。特に対象企業のキャッシュフローが安定的に潤沢な場合、投資時点で純有利子負債（Debt 1）をあらかじめ増大させ、投資期間中の返済額を増やし、EXIT時点での有利子負債（Debt 2）を極小化する＝**LBO（Leveraged Buyout）**の発想へ

　まず、株式価値は会社全体の企業価値からネットの有利子負債（有利子負債－現預金）を差し引いて求めます。企業価値は会社が生み出す利益、一般的には税引前償却前利益（EBITDA）に一定の乗数（Multiple）を乗じて計算します。次に、キャピタルゲインは株式価値の投資時点からEXIT時点までの間の増加額ですから、結局、図表4-3からもわかるとおり、（1）投資している期間中に会社が生み出すEBITDAの実力の水準を高め、（2）会社がよ

り高く評価されるマルチプル（乗数）になるよう工夫し、(3) 投資している期間中にネットの有利子負債をできるだけ多く削減することを目標とすればよいことになります。

　この目標を、具体的な戦略に言い換えると以下のとおりとなります。

(1) EBITDAの成長：中長期の事業計画・目標を立て、会社の事業戦略の見直しや構造改革、海外展開や設備投資・追加M＆Aによる売上高の向上、原価・費用の削減、外部人材の登用、IT技術の導入による生産性向上など、コンサルティング的な観点から検討し、これを迅速、効果的に実行し利益水準を高める努力をします。

(2) マルチプル向上：市場動向を見極めたタイムリーな投資・EXITを心がけ、価格交渉の腕前をみがくことも大切ですが、本質的には企業の管理体制の整備（信頼性の高い財務諸表）、人事・コンプライアンス制度の見直し（社員のモチベーション、働きがいを高めるなど）、企業ブランドイメージの向上（広告宣伝など）など、企業がEXIT後も中長期のサステナブルな成長ができる体制にする努力をします。

(3) レバレッジ（Leverage）効果：投資時点で有利子負債を高めEXITまでの間にできるだけ多く削減することが重要です。多くの場合、レバレッジド・バイアウト（Leveraged Buyout, LBO）を活用して、投資後EXITまでの間に投資先が生み出すキャッシュフローをできる限り優先して負債の返済に充てる努力をします。

　ここで、LBOについて簡単に補足します。LBOは、安定したキャッシュフローを生み出す「良い会社」に投資するPEならではの手法で、株式を購入する際、株式代金をファンドの出資資金だけではなく、銀行などの金融機関からの借入金でまかなうことをいいます。具体的には、図表4-4のとおり、投資時点で受け皿会社（SPC, 特別目的会社）を作り、ファンドの資金と借入金を集めて投資を実行し、その後対象企業と受け皿会社とを合併させ、投資期間中は対象企業が生み出すキャッシュフローを優先的に有利子負債の削減に充てるという仕組みです。理論上は負債比率を上げて期中の削減額を大

図表4-4　LBOの仕組み

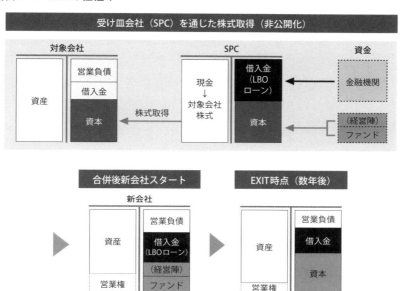

きくするほどリターンは向上しますが、万一返済が滞ったりすると投資すべてが失敗するリスクがあるので、当初の借入金額や契約は注意が必要です。

　さて、最後に、PEファンドはどうやってEXITするのかという疑問もあるでしょう。ケースバイケースですが、投資後数年かけて当初のプランが進捗した際、会社の株式を新規公開（IPO）してもらって保有株式を売却する手法と、戦略的あるいは投資の目的をもって対象企業の株式を取得したいという第三者に売却するM＆A（トレードセール）の手法に分かれます。当社では多くの場合事前に対象企業の経営陣とも協議しながら、価格だけでなく会社としての最適な資本政策やEXIT後の会社の成長可能性なども総合的に勘案して計画します。

図表4-5　PE投資とM&Aとの違い

	ファンドによるPE投資	事業法人による買収（M＆A）
株式譲渡先	PEファンド（対象企業の経営陣が主体的に出資に参画する場合は**MBO（マネジメント・バイアウト）**）	同一業界や周辺業界内の事業会社（ライバル企業も）であることが多い
経営の独立性	投資先企業の経営陣が主体。ファンドがサポートしながら成長のための経営方針・事業戦略を策定	譲渡先企業（買収企業）の経営方針・事業戦略が優先されることが多い（自社のためのシナジーが目的）
経営体制	取締役会はファンドの派遣者が過半数を占めることが多いが、経営の執行は投資先の既存経営陣が行うことが多い	譲渡先企業（買収企業）の方針次第
投資期間	投資期間は3〜6年。経営計画の時間軸、当事者の緊張感を維持する観点から、長すぎず、短すぎず適切な期間	通常、EXITは意図しない
取り得る施策	投資先企業そのものの将来にとって最適な事業戦略を立案（過去のしがらみからの解放）。必要に応じ、ファンドの有する外部ネットワークを幅広く活用した成長施策を策定	譲渡先企業（買収企業）グループの持つ経営リソースを優先的に活用することは可能（リソースが足枷となる可能性もあり）

● PEの歴史と現状

　日本のPEの歴史は古くありません。特定の企業の支配権を獲得するという意味で、よく事業会社によるM＆A（買収・合併）と比較されるので、M＆Aとの比較でお話しします。M＆Aが世間の注目を浴びたのは1980年代後半のバブル経済の時代でしょう。日本企業は事業拡大の波に乗り、専ら買い手としてクロスボーダー（国外）のM＆A取引に参加しました。1990年初頭のバブル崩壊後は、事業再編の時代に入り国内企業が売り手側に立つ事例が増え、現在では国内企業同士のM＆Aが急激に増加しています。

　一方で、PEは、1990年代後半、外国の買収ファンドが日本に上陸したのが始まりだと思います。初期に注目された事例は、偶然にも私が以前勤めていた日本長期信用銀行でした。また当時、企業の不採算事業の整理や倒産企

業の再生案件に関わるディストレス投資が多かったことから、テレビドラマなどでも注目され「ファンド」は全部ひっくるめて「ハゲタカ」というマイナスのイメージで受け取られた時代もありました。一方で、1998年前後から狭義のPEファンドも立ち上がり始めました。当社の前身である東京海上キャピタルがPE投資活動を始めたのは1998年です。その後、PE投資は件数面でも金額面でも、また外資系、国内系を問わず飛躍的に拡大し、社会的認知度も高まりました。

　現在は、M＆AもPE投資も市場は拡大するばかりですが、ここで両者の違いを整理しておきます。

　まず、企業の支配権を取得する買収という意味では両者に違いはありません。しかし、両者は取得する目的という観点で明確に性質が異なります。事業会社はM＆Aを通じて自社の既存事業とのシナジーなど自社のための戦略的な目的を持って買収し、対象企業は親会社にグループ化されるのが通例です。一方で、PEは自社のためではなく純粋な投資目的で投資をするため、対象企業には独立した経営主体として維持・発展してもらい、企業価値を高めることにのみ関心を持っています。

　その結果、投資先企業の経営陣からみた場合、PE投資とM＆Aとは図表4−5のような違いが表れます。結局、PE投資では会社の経営の多くの事項を経営陣に委任するため、一番大切なのは「人」です。投資後の数年間に想定外の環境の変化が生じることは多く、臨機応変に乗り越えて成長するには、経営陣との相互の信頼関係は大変重要なのです。

●PE投資をめぐる状況──投資家、投資先、売却先の事情

　さて、PE投資市場の拡大にはどういう背景があるのでしょうか。一般的に、PE投資の対象は、企業の子会社・事業部門の独立（カーブアウト）案件とオーナー系企業への投資案件に大別されます。

　まず、カーブアウト案件についてお話しします。近年、大企業を中心として事業ポートフォリオの再構築が真剣に検討されています。技術革新や市場

変化など時代に対応した戦略転換は不可逆的で、特に上場企業はスチュワードシップ・コードやコーポレートガバナンス・コードの適用をきっかけに、株主に対してより整合的・論理的にグループの成長戦略や子会社政策を説明する必要が高まり、株主還元やROEの向上も求められています。その結果、「虎の子」の優良な事業であっても戦略的にノンコア事業と判定して外部へ切り離さざるを得ないという事例が増えているのです。

したがって、M＆Aも増加していますが、買い手候補がライバル企業だったりすると情報開示が難しい事例もあるでしょう。この点、PEファンドは中立的な立場なので出番が増えているのです。当社が関わった日本の製薬業界大手A社の子会社であるB社のカーブアウトの事例をご紹介します。A社からみると、B社は本業ではなく製薬受託製造専門だったため、業績は良かったのですが売却されることとなり当社ファンドが投資しました。投資後4年間で売上高は2倍、EBITDAは4倍になりました。B社は独立によって中立的な立場になり、かつてA社のライバルだった他の製薬会社からも製造受託の仕事を多く受注できるようになったのが主因です。このようにPEファンドが受け皿になることによって企業間の系列取引が変化し、ひいては産業構造の変化をもたらすことも期待されます。

次に、オーナー系企業への投資について説明します。一般的には知られていませんが、国内には優良で収益力も高いオーナー系の中堅・中小企業が数多く存在し日本経済を支えています。しかしその多くはオーナーの高齢化に伴う事業承継問題を抱えているのです。優秀な跡継ぎがいれば問題はないのですが、不在の場合には事業を受け継ぐ第三者が必要で、M&AとならんでPEファンドへ譲渡する事例が増えているのです。また、跡継ぎがいていったん親族内で承継が完了した場合でも、承継後の若手オーナーが、経営基盤の強化、さらなる成長や株式上場に向けた社内体制の整理などを目的として、いったん株式を売却したうえでPEファンドとともに再投資してパートナーシップを組成する事例も増加しています。以前はファンドへの売却に抵抗感を持つオーナーも少なくなかったのですが、昨今は成功事例が増加し、

オーナー側のPEファンドへの抵抗感が低下しているのです。いずれのパターンも景気の動向やコロナ禍の影響にもかかわらず今後も増加していくと考えられます。

　当社でも最近はオーナー系企業の投資案件が増え、投資に至る経緯も多様化しています。一例を挙げますと、事業承継に悩む商品カタログ製造販売の優良企業C社のオーナーが、当社ファンド投資先であるユニークな家具・キッチン雑貨の製造販売を行うD社の社長に、ゴルフ場で「ファンドとうまくやっていけるのか」という相談をし、「投資してもらって良かったよ」という返事を聞いて、当社に相談にみえて最終的にC社にも投資したという事例があります。オーナー企業同士ならではの「口コミ」紹介の事例ですね。

　EXITについても1つ実例をご紹介します。当社ファンドは、自動車メーカー向けの産業用ロボットのシステムインテグレーションを行うE社に投資し、最終的には経営陣と協議して総合電機メーカーF社にEXITしました。調印式の席上F社の副社長に、「実はF社からみてE社の事業は戦略的な産業分野なのでE社を掲載されていた貴社のホームページは以前からチェックさせていた。ただ、ファンドが投資後内部管理体制も整えていると信頼したから投資できたので、もしE社がオーナー企業のままだったら投資していなかっただろう」と言われました。このようにPEファンドはEXITを通じて日本の産業の再編成、再成長のための導管としての役割を期待されてきているのだろうと思います。

　以上、PEファンドの資金の出し手としての活動を説明してきましたが、最後に、まとめに代えて、PEファンドの資金の受け手としての側面について説明しておきます。最近、私たちは新しいファンドの投資家を募集するなかで、多くの欧米およびアジアの機関投資家と話す機会を得ました。そこであらためて世界からの日本のPEへの投資に対する関心の高さに驚きました。海外の機関投資家からみると、日本には実績も技術もある良い企業が大変多いにもかかわらず、PE投資市場はまだまだ未発達なので高い期待をしているとのことでした。また、PEファンドの投資家の属性という観点では、現状

はまだ金融機関などが中心ですが、将来的には、国内の個人層含め年金、大学などさらに幅広い層の大きな資金の運用の受け皿となればいいなと思います。国内外からのさらに大きな資金を、受け手としてのPEファンドという導管を通じて循環させ、資金の出し手として国内企業の発展に貢献できるように今後も尽力したいと思います。

第 **5** 章

会社の見方── 日本企業は成長するのか

新井 亮一

⬤ 大学と資産運用と日本株

　私は、1988年に国際基督教大学（ICU）を卒業した後、JPモルガンの日本の資産運用部門にアナリストとして入社し、その後日本株運用の統括責任者になりました。現在は母校ICUで基金運用の仕事をしています。これまで30年以上、日本株をみてきましたので、この講義では、日本企業の見方について話します。

　その前にまず、ICUは日本の私立大学のなかでは珍しい経営をしているので紹介しましょう。少人数教育が特長のICUは、学生からの授業料が少なく、毎年15億円ほど収入が不足します。一方、設立時に集まった寄付金とその後の卒業生・保護者をはじめとする支援者から頂いた寄付金が元手となり、およそ550億円の基金を保有しています。これを運用して教育活動を支えるのが私の仕事です。

　このような基金運用で少人数教育を支えるという学校運営は日本では珍しいですが、海外ではよくみられます。例えば、ハーバード大学は約6兆円、イェール大学は約4兆円の基金からの運用益で教育を充実させています。

　そのICUの基金では分散投資を心がけていますが、そのなかで為替リスクがなく、情報も日本語で入手できる国内株式は非常に重要な位置を占め、基

金の25％を配分しています。しかし、日本株・日本企業は、「利益が低迷し、非効率」「アマゾンやテスラのような成長企業が少ない」などとマスコミや金融業界での評判は非常に悪いです。それでも日本株に投資している理由をこれから説明します。

日本企業の収益は製造業を中心に向上

まず、日本企業の利益の推移を確認します。

図表5-1は、1980年からコロナ前の2018年までのTOPIX採用企業の利益の推移ですが、1990年代と金融危機時の低迷を除けば順調に拡大しています。業種別では、金融業は低迷していますが、製造業および金融を除く非製造業の利益は順調に成長しており、世間の評判とは大きく違います。

次に、日本企業に対する批判の多くが「米国の企業と比較して利益成長率や利益率が劣る」というものですが、実際に比較をしてみます。

図表5-2の（a）は、日本のTOPIX採用企業と米国のS＆P500採用企業の利益の推移を、それぞれ1980年を100として表したものです。ただし、名目の数字だけではなく、両国の物価上昇率の違い（この期間の上昇率は日本の約1.3倍に対して、米国は約3倍）を考慮した実質ベースも載せています。これをみると薄い線の名目では大きな違いがありますが、濃い線の実質ベースでは差はほとんどなくなり、見かけの成長率の違いはほとんどインフレ率の差で説明できてしまいます。次に、同様に（b）のROE推移も名目と実質で比較すると、名目ベースの大きな差が実質ベースではなくなってしまいます（日本はインフレ率が小さいので名目と実質がほぼ重なっています）。つまり、日本企業の利益成長率や利益率が低くみえるのは、インフレ率が低いことによるもので、本当の実力を示す実質ベースでは米国とあまり差がないことになります。

さて、金融以外は比較的良好な利益成長がみられたTOPIX採用企業ですが、そのなかでも特に利益成長率において突出していたのが自動車産業です。そこで、この自動車産業と日本企業が弱いとされるスマートフォン産業

図表5-1　TOPIX採用企業の利益の推移

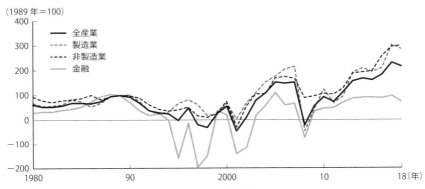

(出所) 有価証券報告書, QUICK AstraManagerをもとに筆者作成.

を例にとり日本企業の組織構造の特徴について考えてみます。

　自動車の製品開発には、開発部門の社員だけではなく、系列企業を含む部品会社などから大勢の人が参加します。開発期間も、構想段階から10年くらいかかることもあります。部品調達は主に開発に参加した系列・親密取引先から行い、製造品質が付加価値の一部なので社内の工場で組み立てます。

　一方でスマートフォンはかなり違います。開発は少数精鋭のエリート集団が設計します。そして、新商品の投入サイクルも短いので、開発は短期です。部品は「オープン調達」と呼ばれる標準化された部品を条件の一番良いところから調達することが多く、実際の製品の製造は全量をアジアの外注先に委託することもあります。

　このように、自動車とスマートフォンでは大きく組織形態が違いますが、早稲田大学の藤本隆宏教授が、前者を「擦り合わせ型産業」、後者を「組み合わせ型産業」と分類しています。擦り合わせ型産業とは、多くの従業員やグループ企業がボトムアップ型のプロセスで、緊密なコミュニケーション（擦り合わせ）を維持しながら製品を作り上げる産業です。自動車がその典型ですが、これに限らず、この数十年日本で利益を増やしてきた素材や部品

図表5-2　株価指数別日米企業利益およびROE比較

（a）TOPIX採用企業とS&P500採用企業の利益推移（1980年＝100）

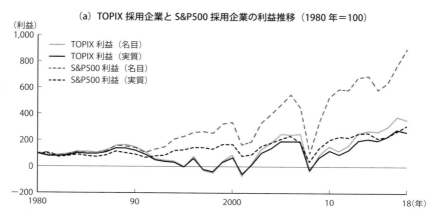

（出所）S&P Dow Jones Indices LLC，ACM，Robert Shiller ホームページ，有価証券報告書，東証統計月報，QUICK Astra Manager より筆者作成．

（b）TOPIX採用企業とS&P500採用企業のROE推移

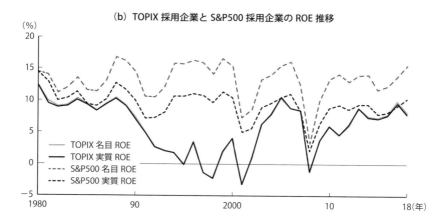

（注）実質ROEは，BPSをCPI上昇率で調整して計算．BPSの調整は，$\text{adjBPS}(t) = \text{adjBPS}(t-1) \times (1 + \text{CPI}) + \text{BPS}(t) - \text{BPS}(t-1)$．

（出所）QUICK Astra Manager，Robert Shiller ホームページ，S&P Global Ratings，有価証券報告書，総務省．

図表5-3　擦り合わせ型産業と組み合わせ型産業：組織の特徴

	擦り合わせ型産業	組み合わせ型産業
指揮命令系統	**ボトムアップ**	**トップダウン**
製品開発	多数参加型	少数精鋭
納入業者	グループ化	オープン調達
生産プロセス	重要、付加価値の源泉	外部委託も可能
意思決定スピード	**遅い**	**速い**
リーダーシップ	弱い	強い
フォロワーシップ	弱い	強い
部下	**士気が高い、提案に積極的**	**従順、言われたことを言われたとおりにやる**
情報共有	**重要**	**不要**
人事	年功序列・**長期雇用**	能力主義・**流動的**
技術の外部移転	難しい	容易

▶従業員を中途採用すれば簡単に始められるか否かが、見分けるポイント

（出所）藤本隆宏『ものづくり経営学』光文社新書，2007年；港徹雄『日本のものづくり　競争力基盤の変遷』日本経済新聞出版社，2011年.

などを製造する多くの企業がこの擦り合わせ型産業に属します。

　組み合わせ型産業とは、少数のエリートがトップダウンで製品を企画し、オープンな市場から調達した部材を組み合わせて製品を供給する。スマートフォン産業がその典型です。また、産業ではありませんが軍隊は組み合わせ型組織の典型です。悠長に話し合いをしていたら戦争に負けますから。

　これを表にしてみると、図表5-3のようになります。

　擦り合わせ型産業というのは、基本的にボトムアップで多くの人が相談しながら仕事を進めます。結果として、意思決定スピードは遅くなりますし、トップの人間が強いリーダーシップを発揮して強権を発動することもあまりありません。末端の社員まで情報共有が重視され、従業員の士気は高く提案に積極的で、長期雇用です。みなで相談した結果で商品が作られていきます

から、ビジネスの結果を特定の個人に帰することは難しく、評価も自然と年功序列になります。

　一方で組み合わせ型産業は逆です。指揮命令系統はトップダウン、意思決定のスピードは当然速く、リーダーの立場は強い。部下は従順で、言われたことを言われたとおりにやります。情報共有もそれほど重要ではありません。

　企業がどちらのタイプかを判断する基準は、人材が流動的かどうかです。擦り合わせ型産業の会社では、多くの社員の長期的なコミットメントが必要なので解雇もあまりしませんし、ライバル会社から1人2人引き抜いても意味がないので、雇用の流動化が進みません。一方、組み合わせ型産業は、従業員の長期雇用がそれほど重要ではなく、この違いが、日本に比較して米国の失業率の変動が大きくなる背景にもなっています。

　次に、日本が擦り合わせ型産業を得意としている理由を考えます。近年、原始時代の人間集団は、強者が弱者を支配するのではなく、平等な関係であったという研究がなされています。つまり、初期の人間集団は、擦り合わせ型組織でした。それが、文明の発達とともに頻発するようになった大規模な戦争に適応する形で組み合わせ型組織が主流になっていきました。そんななか、日本は島国で他国との戦争がなく、トップダウン組織を作る必要がないという特殊な環境にありました。また、稲作が灌漑という高度な擦り合わせ型作業を必要としていたこと、漢字という表意文字と高い識字率による平均的な教養の高さが、擦り合わせ型の組織を支えたこともあるでしょう。末っ子の立場で家族の呼び方が決まるなど、弱者の視点に立つ文化も影響しているかもしれません。

● 日本企業への批判を考える

　これまで、日本企業に対しては、「強いリーダーがいない」「社長のプレゼンが下手」「無駄が多い。選択と集中ができていない」「合議制で効率的な意思決定ができない」「イノベーションがない。エレクトロニクス業界を中心

に業績が低迷する企業も多い」などのさまざまな批判がされています。

ですが、これらは「擦り合わせ型組織」という視点から説明できるものです。こうした組織では、みなで合議することが最優先なので、強いリーダーも、派手なプレゼンテーションも重要ではありません。日本企業はとかく選択と集中ができていないと批判されます。しかし、擦り合わせ型組織は、従業員の組織に対する長期的なコミットメントを必要とするため組織自体の存続がとても重要です。そのためには、常に本業の想定外の不振への備えも必要となります。例えば、富士フイルムは、かつてフィルム市場を米コダックと分け合っていました。フィルム事業は高収益でしたが、あえてそれに集中せず、医療機器、複写機、映像、化粧品などの多角化のタネをまいていました。その結果、急速なデジカメの普及でフィルム需要が急減しても会社を成長させています。これは、逆にフィルムに集中したコダックが経営破綻したのと対照的です。

日本のエレクトロニクス業界の不振も、現実の世界ではイメージとは違います。確かにスマートフォン、テレビ、パソコンなどの完成品では多くの日本企業が敗退していますが、代わって台頭してきた海外メーカーに基幹部品を提供しているのが日本の電子部品・材料メーカーです。部品・材料の多くが擦り合わせ型産業ですが、日本の部材メーカーの躍進がそれを組み合わせる海外メーカーの成長を促したという皮肉な結果をもたらしています。実際、日本の家電メーカーの売上は伸びていませんが、電子部品メーカーは成長しています。

日本企業は堅調な利益成長を実現していますが、それは低迷する国内市場ではなく、海外市場からの貢献によるものです。特に近年は、輸出ではなく、海外での現地生産や事業運営での利益貢献が増加し、2019年ではその合計が20兆円を超えています。これは、上場企業の利益総額の約半分の規模にもなるのです。こうした結果をみると日本の擦り合わせ型産業は、文化が異なる海外でも成功しているともいえます（図表5-4）。

前述のように、日本企業が擦り合わせ型産業で強いのは、日本の文化的背

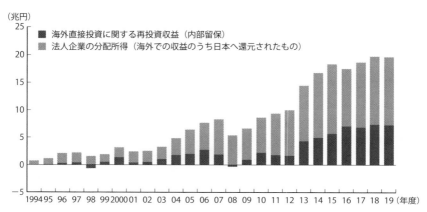

図表5-4　日本の海外投資による利益

（兆円）

■ 海外直接投資に関する再投資収益（内部留保）
■ 法人企業の分配所得（海外での収益のうち日本へ還元されたもの）

1994 95 96 97 98 99 2000 01 02 03 04 05 06 07 08 09 10 11 12 13 14 15 16 17 18 19（年度）

（出所）総務省，QUICK Astra Manager より筆者作成．

景があるためだと考えられます。しかし、組織内の競争やトップダウンの指揮命令ではなく、従業員の協調を重視する経営は、日本に限らず、先に述べた「仲良くして争いをなくす」という人間の本来の姿からすれば自然です。実際に、1980年代に日本企業にシェアを取られた外国の製造業で「日本的経営」の導入が行われ、業績を回復した例が多数あります。

　欧米では、もともとエリート層とそれ以外に大きな情報格差がありました。ところがインターネットの普及で、この情報格差が一気に解消してきています。ボトムアップでの意思決定が必要な擦り合わせ型組織が成立する条件は、組織の構成員と経営層の間でこの情報格差が小さいことです。

　ではなぜ、日本企業が評価されないか。これも擦り合わせ型産業と組み合わせ型産業で理解することができます。日本企業の評価を仕事にしている人は、主に、大学の教授、マスコミ、金融の人たちですが、この三者の共通点は、組み合わせ型産業で働いているということです。彼らの多くは、擦り合わせ型産業が嫌いだから組み合わせ型産業で働いているわけで、擦り合わせ型産業の良いところがなかなか理解できない。ですから、日本企業に対する

過剰な批判が起こっていると思います。

　今回、擦り合わせ型産業としての日本企業の強みを説明しましたが、それが常に正しいわけではありません。ダラダラと問題を先送りして、大胆な改革ができないという面もあります。そうした組織が、「組み合わせ型の人」の活躍で大きく変わる場合があります。要は状況によるわけです。

　日本経済、そして個々の日本企業には問題もあります。しかし、日本には多くの良い企業もあります。そうした長所もしっかり見つめていくべきであると思います。

問・世間に流れる話と真逆の視点で興味深かったのですが、日本企業が有効に収益を使っていないという批判が出ています。どのように考えますか。

新井・日本の企業は投資が不足しているといわれます。最近流行しているESGの動きを活用し、企業ガバナンスを強化して、投資を増やさせるべきという議論もあります。しかし統計をみると、海外を含めた連結ベースでは日本企業は投資に積極的です。ただし、その投資先は海外です。先ほど、日本企業は海外で利益を出すようになったと指摘しましたが、それと連動した関係にあります。少子高齢化が進み、規制が多い日本は積極的に投資する対象とはなりません。また、海外事業の貢献が大きい大企業しか賃金も上がりません。このような状況でガバナンスの改善や、ESGを通して国内経済の低迷を解決しようとしても限界があります。

　一見、八方塞がりのような状況ですが、復活の手がかりがあるとすれば、むしろ少子高齢化による労働力不足の深刻化と考えています。実際、非正規労働者の賃金はすでに上昇傾向にありま

す。今後、このような動きが広がれば、賃金格差の縮小とそれに伴う消費拡大による自律的な経済成長が達成されるかもしれません。

第**6**章

エコノミストの視点

小出 晃三

🔵 市場動向を予測するマクロ経済分析

　私はエコノミストとして資産運用会社で働いています。市場の動きを予測し、同僚や顧客に説明する仕事です。エコノミストのアドバイスにも、多種多様のやり方があります。例えば、今米国では予想以上に物価が上がり始めて、連邦銀行が慌てて金融引き締めに入ろうとしています。違う種類の資産に投資先を分けてリスク分散しているようにみえても、実は、米国の金利が予想以上に上がると、すべての資産で損をするポジションを組んでいたということがありえます。資産の種類ではなく、それを通して、具体的にどのような経済的事象にリスクを張っているのか、あるいはリスクを持っているのかということを、そのファクターごとに分散することをファクター投資といいますが、これも1つのあるべき方向として、試行錯誤しているところです。

　「分散効果は一番効いてほしいときに効かないものなんだ」というセリフは、私がプリンストン大学のバートン・マルキール先生からリーマン・ショックの3カ月後に聞いたセリフです。彼の言わんとするところは、過去のデータで分析しても、リーマン・ショックのように過去に同じようなサンプルがない場合において、モデルの結果はあてにならないということです。強い感染症の世界的流行は、我々がスペイン風邪以来、100年ぶりぐらいに

図表6-1　指数でみる株式対債券

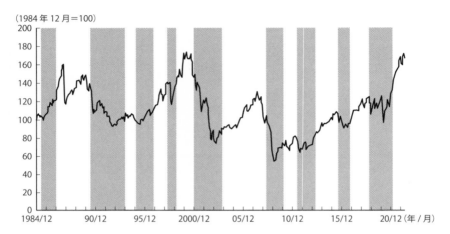

(注)　網掛け：OECD景気先行指数がゼロを下回る時期.
(出所)　Refinitiv.

経験していることですから、そういうものは、過去30年、40年のデータを
いくら分析しても、前例がないわけです。過去のデータに立脚した計量モデ
ルへの過信は禁物です。

　マクロ経済分析でよく使われるのは、景気循環と金融資産がもたらす収益
との関係です。景気が悪ければ「株より債券のほうが良い」とされますが、
実際のところを確かめてみましょう。

　図表6-1は世界の株式指数を、世界の債券指数で割ったものです。数値が
上がれば、株価が債券価格を上回って上昇したことを示します。影の部分
は、OECD景気先行指数から、世界景気が、概ね潜在成長率を下回っていた
と思われる時期を示しています。

　グラフ上昇期、つまり株の上昇率のほうが大きいときは3分の2程度の場
合で潜在成長率と比べ景気が良く、グラフ下降期、つまり債券の上昇率のほ
うが大きいときは3分の2程度の場合において景気が悪いことがわかりま
す。ただし、この指数はほぼ2カ月遅れで発表されるため、発表前に先読み

図表6-2　我が国の景気動向指数〈先行系列〉（内閣府）

〈生産需給関連〉
(1) 最終需要財在庫率指数（逆サイクル）：在庫率＝在庫÷出荷。低下を改善と捉える
(2) 鉱工業用生産財在庫率指数（逆サイクル）：生産財とは、原材料・部品等

〈最終需要関連〉
(3) 実質機械受注（製造業）：機械の受注額をインフレ率で割り引き、「数量」に変換
(4) 新設住宅着工床面積
(5) 中小企業売上見通し DI.：DI（「増加」－「減少」の％ポイント）
(6) 消費者態度指数：雇用環境、収入の増え方、暮らし向き、耐久消費財の買い時判断
(7) 投資環境指数（製造業）：総資本営業利益率－長期国債（10年）新発債流通利回り

〈雇用関連〉
(8) 新規求人数（除く学卒）：学卒を除くことで、より景気循環に感応的に

〈市況関連〉
(9) 日経商品指数（42種総合）
(10) M2（前年比）：低金利政策を背景に、長短金利差から置換
(11) 東証株価指数（TOPIX）

をして、投資判断に活かす必要があります。

　景気先行指標には、具体的にどんなものが入っているかをみてみましょう。国によって違いますが、日本の内閣府が発表する「景気動向指数」における11の〈先行系列〉は図表6-2のとおりです。

　注目したいのは、最後の市況関連の3つの指標です。我々は、先行指標の先行きを予想して売買していますが、先行系列の株や債券の情報に基づいて投資判断を下すことは、一種の「トートロジー」になってしまいます。市場関連の指標が景気の先行きを織り込む前に、先回りして景気を予測することは難しいのです。

　さらに景気が「良い」「悪い」という判断は、一様ではありません。①水準、②方向性、③加速度、④予測との乖離、以上の4つの視点から分析することが必要です。例えば景気が拡大しても、加速か減速か、すなわち加速度により景気判断は異なります。私は、経験的に③と④を重視します。統計が出ても、予想どおりであれば「織り込み済」とされ、市場は反応しないわけです。

それどころか、逆に材料の「出尽くし感」が出て、好景気を示す統計が出ても利益確定の売りで価格が下がるという、常識とは逆の動きをすることもあります。

　また景気は、通例、実体経済の動きが金融経済に波及し、株や債券に影響するという経路に沿って予測します。しかし、不良債権等で金融システムが正常でない場合には、金融経済を実体経済よりも先に分析する必要があり、画一的ではありません。

　景気循環にも異なる種類があり、通例、教科書では、以下の４つが取り上げられます。①キチン循環（約40カ月、在庫循環）、②ジュグラー循環（約10年、設備投資）、③クズネッツ循環（約20年、建設投資、設備投資より長期）、④コンドラチェフ循環（約50年、技術革新）の４種類です。これに加えて、⑤信用循環（一概に言えないが10年以上）があります。家計や企業の負債の増減を追うものです。

　エコノミストは、さまざまな景気循環から、総合的に景気動向を判断します。景気後退期の判定方法は各国ごとに異なる面がありますが、先進国では、２四半期連続で実質GDPが前期に比べてプラスかマイナスかで、景気の拡大か景気後退かを判断する簡便法が一般的です。

● コロナ禍がもたらす、景気をみるうえでの視点

　では今の景気をどのようにみるかを考えてみましょう。現時点（2022年1月）から、状況が変わることを前提に、今後、議論が続きそうな問題を考えます。

　2019年から世界に広がったCOVID-19（新型コロナウイルス）による経済活動制限の全面解除は、当面困難であると思われます。収束はなかなか見通せません。そうであるならば、コロナ禍を受けて、今の経済の姿は変わっていくわけです。米国、欧州などでは、コロナ禍を契機として、人種、世代、所得別の分裂が拡大しています。社会的弱者がより苦しみ、高齢者の死者が増え、年収の乏しい人が余計苦しむ状況です。

図表6-3　在宅勤務可能比率・1人当たり名目GDP（国別）

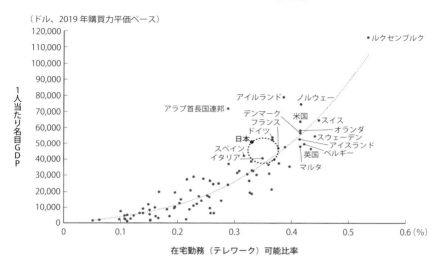

（出所）シカゴ大学.

　ただし、経済活動の変化には良い面もあります。デジタル・トランスフォーメーション（DX）が、コロナ禍で一気に加速しました。図表6-3は、在宅勤務と各国の経済の力との関係を示しています。在宅勤務のできる職種の多い国は、1人当たりの所得水準、ひいては労働生産性が高い国になっています。テレワークの進展で、コミュニケーションのデジタル化、サービス・モノ提供の非接触化、製造現場の省人化・合理化が進み、経済が効率的に進化する可能性があります。ただ、その反動として、労働代替が進み雇用が減って問題になるかもしれませんし、対面接触の重要性が再認識される場合もあるでしょう。

　もう1つ、このコロナ禍がもたらした変化は、米中の抜きがたい対立です。この疫病がおそらく中国から広がったことが、それ以前から深刻化していた経済、安全保障面の対立をより深めており、今後、数十年単位で続く可能性があります。

中国は、米国をはじめとして西側諸国と密接に経済がつながっていることから、対立は深刻にならないという見方もあります。しかし、長い歴史をたどれば、経済的つながりの深い国同士が激しく戦ったことは珍しいことではなく、楽観はできません。

● 景気の現状と展望（2022年1月）

　10年単位の長期にわたり影響を与えそうな論点をみてきましたが、ここからは、現在（2022年1月）の景気のポイントと判断を示してみます。どのような指標を使って判断をしたかも述べます。

　実質GDP：米国で成長が先行しています。日欧は遅れ、中国はいち早くコロナ禍による落ち込みから立ち直りましたが、伸び悩んでいる状態です。日本は、コロナ禍前の消費増税によってすでに落ち込んでいましたので、その前から比較すれば、戻りが弱いともいえます。

　消費：日米欧では、コロナ禍で急減後、2021年初頭から夏にかけて持ち直しましたが、オミクロン株の流行で、再び伸び悩んでいます。今後の感染拡大の程度によって方向が決まるでしょう。また各国は一律の給付金を出しました。しかし日米いずれでもその直後に貯金が増え、消費に積極的に回っていないことが観察されました。日本の家計調査統計（総務省）、米国の個人所得・支出統計（商務省）で、貯蓄率の上昇を観測することができます。

　米国の消費を細かくみると、自動車、建材、園芸が伸びています。家で過ごす時間が増えたことによるライフスタイルの変化が影響しているものと思われますが、家族で荷物を持って出かける小型トラック、ガーデニングや家の改修の資材が売れています。米国の小売の動きは、商務省の発表する小売販売統計でみられます。

　鉱工業生産：コロナ禍の影響による、港湾荷役の停滞やドライバー不足により、世界的に物流が混乱しています。さらに、リモートワークの拡大や米中対立による半導体関連の経済制裁が影響し、半導体の不足も深刻です。一方で、コロナ禍により外食や宿泊などのサービス消費が抑えられた反面、自

動車をはじめとした財の需要が伸びました。こうした財の供給制約と需要拡大を背景として、需給が逼迫してインフレ圧力が高まっています。

日米欧ともに、鉱工業生産統計（米国：連銀、欧州（EU）：EU統計局（Eurostat）、日本：経済産業省）で、生産動向をたどることができますが、特に、我が国の統計は詳細にわたります。

失業率：2020年初頭に、コロナ禍を受けて世界各国で失業率が跳ね上がりましたが、その後、以前の水準に戻りつつあります。しかし、早めに退職したり対面労働を避けるなど、労働市場から退出する人が増えてしまいました。特に米国でそれが著しく、介護、飲食など対面労働を要するサービス業で人手不足の緩和が遅れています。日本でも、情報通信業で雇用が増える一方、介護、宿泊、飲食業などで雇用は減っています。

このように、コロナ禍の影響による退職者増加による労働供給の抑制と、残った労働力と需要側が求める職種の間のミスマッチが、労働市場での人手不足を強めています。特に、米国において深刻で、賃金が加速度的に上昇してインフレ圧力を高めています。

失業率は、米国では労働省、欧州（EU）ではEU統計局、日本では厚生労働省が発表しています。

消費者物価指数（CPI）：米国では予想を超え、CPIが加速度的に上昇しています。その影響で、連邦銀行は2022年3月から利上げを開始し、6月には1994年11月以来となる0.75％の大幅利上げに踏み切りました。

米国では、すでに述べたようなエネルギーを含めた財の需給逼迫、人手不足による賃上げ加速、長引いた強い金融緩和を受けた不動産価格高騰が招いた家賃上昇から、インフレが加速しています。欧州でも状況は同様で、インフレが遅れていた日本においても、CPI上昇率が次第に高まってくるとみられます。

日本のコアCPI（除く生鮮）前年比は、2021年12月段階で前年同月比0.5％ポイントのプラスです。同年4月に、菅義偉首相（当時）が主導し、携帯電話料金が大きく下がり、コアCPI（除く生鮮）前年比を1.5％ポイントも引き

下げています。携帯電話料金の引き下げが前年比でインフレ率を押し下げる効果は、2022年4月からなくなることに注意が必要です。CPIは、インフレ圧力が高まるなかでいっそう重要性を増している統計で、米国では労働省、欧州（EU）ではEU統計局、日本では総務省が発表しています。

中長期・期待インフレ率：日本ではこの20年あまり、デフレ期待が根強いなかゼロ金利が続いてきたため、期待インフレ率といわれてもみなさんはピンとこないかもしれません。しかし、物価動向にかかわる期待は金融政策に影響を与える重要な情報で、米国では家計・市場双方で期待インフレ率が上昇しています。家計の期待インフレ率は、コンファレンスボードやミシガン大学、さらにNY連銀をはじめとした地区連銀が発表しています。また市場の期待インフレ率は、BEI（ブレークイーブンインフレ率）と呼ばれ、米国債利回り−同年限のインフレ連動国債利回りで計算します。BEI 5年物をみると、2.5％から3％と、かなり高くなっています。

中国の不動産価格の異常さ：大規模な金融緩和策の影響で、世界的に余剰資金が不動産市場に流入し、不動産価格が上昇しています。そのなかでも、中国の住宅価格の上昇は異常です。住宅価格の評価は年収比の倍率が一般的です。日本のバブル期に年収倍率が12倍で、ひどいと社会問題になりました。ところが現在の北京の年収倍率は49倍です。

このバブルには、3つの理由があると思います。まず中国では、金融市場が未発達で政策的に預金金利がCPI上昇率より低いため、不動産が投機の対象になりやすい環境にあります。また貧富の差が著しく、スーパーリッチ層のお金が不動産に流れ込んでいます。さらに、中国の都市部の土地は国有で、土地使用権を取得して建物を建てます。国が地主なので、バブルは国を富ませる構造になっています。

ただしこの状況が続くとは思えません。国の財政に絡む問題ですので、軟着陸を試みるでしょうが、先行きは不透明で世界経済の大きなリスクの1つでしょう。

● 日本の先行きと金融界で生きる心構え

　為替について、実質実効為替レートという概念があります。二国間の名目為替レートをお互いのインフレ率で実質化した実質為替レートを、貿易ウエイトで加重平均したもので、いわば円の持つ対外的購買力を総合的に表現したものです。円の実質実効為替レートは、50年前の1972年と同じ水準まで戻っています（図表6-4）。

　日本では、円安によって輸出が増えるので、ながらく、円安は景気にとって良いことだという思い込みがありました。ところが、近年では、産業の空洞化が進み、円安では景気を刺激するのは難しくなりました。企業が海外で得る外貨建て収益が円建てで膨らむとか、海外資産が生む利子配当を含めて評価すべきとの意見もあります。しかし、国内で新規産業を生む、産業構造を改革するなどの取り組みを怠ったまま、円安を志向していいのか、疑問に思われます。

　また日本では、財政赤字が累積し国債残高が1100兆円まで積み上がっています。それが維持可能かどうかについてさまざまな見方がありますが、いずれ問われそうです。

　最後に、資産運用業で働くためには、どのような資質が要求されるかについての私見を申し上げます。投資の世界では他人と同じことをやっていては優れたプレーヤーになれません。傲慢は避けつつも、根拠と自信があれば、自分の意見を主張する知的な勇気が大切です。

　投資顧問業務において、自分の意見を持つために必要な学問分野は、経済学にとどまりません。大学では語学・数学を含めて、専門分野に狭く閉じこもらずに幅広く学んでください。

　また、金融の世界では、信用することが難しい人や情報に出会うことも稀ではありません。そうしたものを直感的に「おかしい」と判断する常識・良識も、重要な資質でしょう。そういう能力は、人との交流、さらには教養から生まれてくると思います。

図表6-4 円為替レート

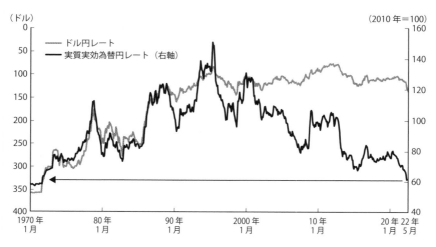

（出所）日本銀行.

　本をたくさん読んでください。知識、教養、文章能力が磨かれます。大学時代は、それにじっくりと取り組むことのできる、とても恵まれた時期です。そして、長い人生で国籍を問わず、交流を深めることができる資質を高めることにもつながると思います。

問・たくさんの判断指標を教えていただきましたが、現在の市場で短期的な予測をする場合に、何が最も注目されるでしょうか。

小出・米国のインフレ率であり、関連する財の需給（在庫率など）、失業率・賃上げ率、不動産賃料、エネルギー需給・価格などにも注意を払う必要があります。世界の金融市場への影響が大きなFRBの金融政策に関する予測に直結します。

資産運用業の課題II

日本企業のガバナンス変革

第 7 章

コーポレートガバナンスの歴史と未来

小口 俊朗

● 歴史から、今と未来を考える

　この講義のテーマは、コーポレートガバナンス、企業統治です。「コード」という形で、そのルール整備が進んでいます。さらに日本政府と東京証券取引所が、その実行を機関投資家や上場企業などの関係者に強く求め、そしてコーポレートガバナンス・コードを使って組織の改革に動く企業が増えており、重要性が高まっています。

　私の会社は、内外の機関投資家に代わって投資先企業と対話をして、ガバナンスの改善とそれによる収益向上を求める仕事をしています。これは「エンゲージメント」と呼ばれる行為です。またコードの作成には民間の立場から関わりました。この問題に20年ほど向き合っていますが、経営や法律などさまざまな実務や学問に関係し、奥深く難しいものです。この講義を通じて、コーポレートガバナンスを念頭に、企業をみる視点を得ていただければ幸いです。

　まず「コーポレートガバナンスはどこからきたのか」という歴史の話をします。株式会社の始まりは、大航海時代のさなか、1602年に設立されたオランダ東インド会社とされています。この会社は株式を発行して資金を集め、それで貿易や植民地経営などの事業を行いました。そして「継続的資本」「経

営陣」「株式の譲渡性」「株主の有限責任」という4つの機能を持ちました。これらは投資をする立場からみると大変魅力的な機能であり、今の株式会社にも引き継がれています。

「継続的資本」とは、集めた資本を使い事業を継続して行うということです。株式会社ができるまでは、商売は一時的なプロジェクトで、終わったら解散することを前提としていました。株式会社ができることで継続的資本によって永続的に投資家が収益を確保できる可能性ができたのです。

それから「経営陣」の存在です。お金を出すのは他の人（投資家）ですが、専門の経営者が経営の管理をします。オランダ東インド会社では、最初は大口出資者から選んで「17人会」を組織して経営にあたりました。株主が経営者を選ぶことは今の株式会社でも行われています。

また「株式の譲渡性」があります。投資が失敗した、もしくは魅力的な投資ではなくなったと判断すれば、投資家は株を売ってその会社との関係を終わらせることができます。

最後に「株主の有限責任」です。事業が失敗した場合に、払ったお金が最悪の場合ゼロになるだけで、債務などの責任を投資家は負いません。一方で、事業が成功した場合、取り決めの範囲内ですが配当で利益を確保できます。株式会社という法人格が責任を引き受け、株主の責任は限定的です。

事業は射幸性が強く、多数の人からお金を集めるため、この東インド会社では、株式会社の設立には国王の許可が必要でした。なぜ、この歴史を振り返ったのかというと、株式会社は公共の目的と利益追求を同時に行うために生まれたことを確認したかったためです。歴史から今と未来を考えるためです。これまで述べた株式会社の長所は経済を大きく発展させる一方、経営が資本から遊離して暴走しかねないという短所と密接につながっていました。この問題は今後も継続して起こるでしょう。

● 問われ続けた「経営者の責任」

1929年に米国株の暴落による大恐慌が起こりました。その後の混乱時に企

業のあり方が問われました。コロンビア大学のアドルフ・バーリとガーディナー・ミーンズという2人の教授によって、1932年に『近代株式会社と私有財産』（*The Modern Corporation and Private Property*）という本が出版されました。現在はガバナンスの古典といわれています。この頃、米国では小株主が増え所有と経営の分離が起きていました。この本はそれを指摘し、株主が経営に関心を持ち関与をするべきと主張する本でした。

そして著名な経営学者のピーター・ドラッカーは、1976年に『見えざる革命——来たるべき高齢化社会の衝撃』（*The Unseen Revolution: How Pension Fund Socialism Came to America*）という本を出版しました。当時の米国の株式市場では約4割が米国の年金基金の資金で、それが多くの企業の大株主になっていました。この年金基金が発言することで企業のガバナンスを変えることができるという提言を示しました。彼の見通しどおり、投資家が株式市場での活動を通じて、1980年代ごろから企業を動かし始めます。

米国カルパース（カリフォルニア州職員退職年金基金）を中心に機関投資家ネットワークが1985年に結成されました。そこではガバナンスが劣る米国企業を指摘し、企業側もそれに応じて行動を変えていきます。年金基金による議決権行使とアクティビズムの流れは、欧州などにも伝播しました。

一方で、日本はコーポレートガバナンスで独自の道をたどります。昭和初期ごろまでは、日本の経済界では資本市場が活用されていました。ところが昭和になって戦争が続き、国家総動員体制が作られるなかで、経済に対する政府の統制が強まります。政府の指示に従い銀行から間接金融で戦争遂行に必要な産業に資金を割り振るようになり、資本市場の役割が縮小しました。第2次世界大戦の敗戦の後も戦時体制はそのまま続き、長期雇用、終身雇用という日本の雇用を特徴付ける慣行ができました。さらに買収防衛、取引関係強化のために、企業同士の持ち合い株も広がりました。社員が長く会社にいて、最後まで残った人が社長になることが多く、経営を専門にする「プロ経営者」はあまりいませんでした。「会社共同体」といえる内向きの形態の企業が多かったのです。

図表7-1　株主構成の変化

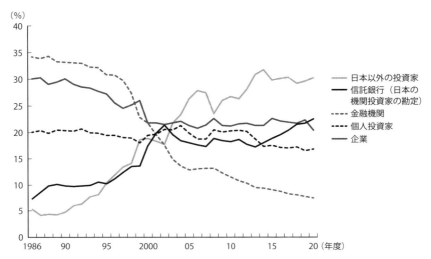

(出所)「株式分布状況調査の調査結果について」(東京証券取引所など) よりガバナンス・フォー・オーナーズ・ジャパン作成.

　この日本の会社の特徴は、高度経済成長の要因の1つになり、うまく機能した面もあるといえるでしょう。一方で、持ち合い株主や会社の従業員はインサイダーですが、それ以外の株主はアウトサイダーでほとんど関心を持たれない立場でした。

　ただし、そうした日本の慣行が維持できない状況になります。バブルの崩壊や1997年の日本の金融危機で持ち合い株の解消が進み、外国投資家の保有が増え、1990年に5％弱だった外国人投資家による株式保有率は、2019年には約30％に上昇しました。銀行などの保有率は1990年に35％弱だったのが、今は7％ぐらいに減少しました(図表7-1)。日本企業の株主構成が大きく変わり、新しく入ってきた投資家との間で摩擦が発生しました。

　外国の投資家を中心に、企業買収を試みようという動きや短期で株価を上げるように企業経営に大株主として介入するアクティビストと呼ばれる人たちが入ってきました。こうした行動に多くの日本企業は驚き、自己防衛に動

きます。2006〜2008年に、買収防衛策を講じた企業は約550社になりました。ブルドックソース買収事件（最高裁判決は2007年）など、その買収防衛策を合法とする裁判所の判断も出ました。

買収防衛策は総じて株主の権利を制限し、株価に悪影響を与えます。当時、外国の投資家はそろって買収防衛策を認める日本の金融当局、また裁判所を批判し、日本の資本市場への不信感を強めていました。

● コードの登場と日本の改革

そうしたなかで、リーマン・ショックが発生します。米国の投資銀行であるリーマン・ブラザーズが2008年に経営破綻をしました。このときに株主の責任が問われました。株主、主に機関投資家が、投資先企業に収益拡大を促し、その結果として企業の異常な行動が生じたという批判です。

こうした議論を背景に、2010年に英国でスチュワードシップ・コードができました。スチュワードというのは「執事」という意味です。執事のように、人のお金を忠実に、適切な形で預かり、運用することを求めました。この動きは各国に波及しました。コードは、法律ではなく、金融界の自主規制という要素を持ちます。そして欧米では、不祥事の抑制、そして金融界の自省という意味から作られました。

日本ではそうした意味に加えて、コードを使ってコーポレートガバナンスを改善し、それによって日本企業の問題点を改革しようという考えが織り込まれています。一例として、残念ながら、日本企業の収益性は欧米の企業に比べて低くなっています（図表7-2）。金融市場ではROE（自己資本利益率、利益を自己資本で割った数字）が、企業の収益性を示すために使われます。株の長期リターンはこのROEに連動することが多いのです。こうしたROEを高める効率的な経営をコードは求めています。

2012年12月に政権交代が起こり、自民党・公明党の連立政権が発足しました。そこで安倍晋三首相によってアベノミクスが唱えられ、資本市場の活性化が政策課題になりました。コーポレートガバナンス改革がそこに取り上

図表7-2　低迷する日本のROE

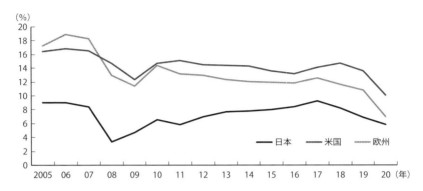

(注1)　日本はTOPIX500，米国はS&P500，欧州はSTOXX Europe 600構成企業の中央値ROE.
(注2)　日本は年度，米国・欧州は暦年.
(出所)　FactSetよりガバナンス・フォー・オーナーズ・ジャパン作成.

図表7-3　"ガバナンス革命"の3本の矢

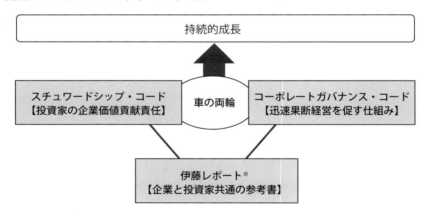

(注)　※「持続的成長への競争力とインセンティブ～企業と投資家の望ましい関係構築～」プロジェクト「最終報告書」.
(出所)　『週刊金融財政事情』2015年2月16日号，筆者寄稿文.

げられ、2013年6月14日に閣議決定された「日本再興戦略―JAPAN is BACK」でも主要政策になりました。

「投資家の企業価値貢献責任」を果たすスチュワードシップ・コードと、「迅速果断経営を促す仕組み」であるコーポレートガバナンス・コードが2015年に制定、実行されました。金融庁・東証が主導しましたが、法律ではない民間によるルールです。これら2つは車の両輪に例えられ、相互に影響するものです（図表7-3）。外国の投資家は一連のコードを使ったコーポレートガバナンスをめぐる日本の改革を高く評価しています。

● どこへ行くのか──コードの定着とESG投資

最後に、「コーポレートガバナンスはどこへ行くのか」という問題を考えます。進むべき道がはっきりしている部分と不明確な部分があります。

日本では、コードを定着させなければならないという目標があります。一連のコードの整備は日本の金融市場を着実に変えていますが、その動きが急であったために市場関係者がコードを活用しきれていない面があります。コードは「絵に描いた餅」になってしまう可能性があります。

そのためにコード定着の進捗状況を確認するフォローアップ会議が置かれ、金融庁、東証、業界関係者、有識者を集めて確認を進めています。コードの改訂もここで議論されています。コードは日本経済の改革に使える期待があります。私たちもコードを活かしてコーポレートガバナンスの改善を進め、日本経済を活発に、企業と働く人を元気にする努力をすべきでしょう。

昨今、ESG投資の問題が議論されています。ESGは、環境（Environment）、社会（Social）、企業統治（Governance）の頭文字をとった言葉で、それに配慮した投資や企業活動を求める動きです。この言葉を知っている人は多いでしょうが、その理解は人それぞれです。これに関連して企業価値をみるときに、数字で示せる財務情報だけではなく非財務情報をみるべきではないかという意見も世界の金融界で広がっています。日本では、コーポレートガバナンス・コードの2021年の改訂でESGを経営の重要な課題とすることを各企

業の取締役会に求めています。

　企業の収益、そして公共性をどのように考えるか。そのためには基準をまとめ、整理するべきという点では関係者の考えは一致しています。現在、統一的な基準作りの動きが各所で進み、さまざまな意見が出ています。ただし、現時点でどのように収束するか、その先行きはわかりません。また収益とESGなどの社会貢献が両立しない場合に、どちらを優先するべきかという問題になります。答えは人それぞれだと思います。

　これだけではなく、今後は企業のガバナンスで次々と新しい問題が出てくるでしょう。先の見えない時代です。1ついえるのは、大量の情報、そして他人の意見をそのまま受け入れるのではなく、自分の頭で考え、物事を多面的にみて、その妥当性を自分で判断することを勧めます。その指針になるのは、みなさんの持つ価値観です。学生のみなさんはこれからビジネス界に出ていくなかで、そうした価値観をしっかり作り問題に向き合ってください。

質疑
応答

問・投資において「人権」の問題は、今後どうなるでしょうか。今、欧米諸国が少数民族迫害などの問題で、中国の政府、企業を批判し、規制をかける意見もあります。

小口・人権の尊重は、当然必要です。しかしビジネスの現場での判断は難しいし、全産業で一律の対応はできないでしょう。その企業、サービスの置かれた環境で異なってくることです。ただし明確なのは、そういう問題に鈍感なままビジネスをやっていたら、足をすくわれ、大きな失敗をする可能性が高くなるということです。ビジネスではあらゆる社会問題に関心を向け、リスク管理の観点でも向き合うことが必要になっていくでしょう。

第8章

機関投資家とコーポレートガバナンス

加藤 栄治

● コーポレートガバナンスを学ぶ意義——2つの「コード」の関係

　今回の講義では、コーポレートガバナンスを中心にお話をします。みなさんにはあまり馴染みがないかもしれませんが、コーポレートガバナンスのあり方が企業行動や企業価値に影響を与えることになりますし、投資家にとっては投資リターンを左右することにもつながりますので、コーポレートガバナンスの議論は、企業にとってのみならず、投資家にとっても非常に重要であると認識されてきています。

　今回は、みなさんが学んできたことを踏まえて、特にコーポレートガバナンスに関する具体的な論点や機関投資家とコーポレートガバナンスの関わりなどについて説明したいと思います。まず、スチュワードシップ・コードとコーポレートガバナンス・コードについて、まとめておきましょう（図表8-1）。

　左側のスチュワードシップ・コードが機関投資家の行動原則、右側のコーポレートガバナンス・コードが企業の行動原則です。これらの2つのコードは、ともに影響しあって効果を出すことから、車の両輪に例えられています。企業と機関投資家（株主）は、コードに基づいた行動と目的を持った対話（エンゲージメント）を通じてそれぞれの責任を果たしながら、企業価値

図表8-1　2つの「コード」の関係

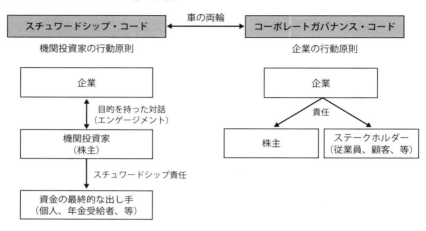

（出所）金融庁資料をもとに筆者作成.

を向上させるとともに、機関投資家のリターンを向上させるような好循環を
もたらすことが期待されています。

　まず、コーポレートガバナンス・コードの5つの基本原則について、やや
抽象的な内容ではありますが、重要な点を抜粋します。

　第1章「株主の権利・平等性の確保」では、上場会社は「株主がその権利
を適切に行使することができる環境の整備を行うべき」、第2章「株主以外
のステークホルダーとの適切な協働」では、上場会社は「ステークホルダー
との適切な協働に努めるべき」、第3章「適切な情報開示と透明性の確保」
では、上場会社は「法令に基づく開示以外の情報提供にも主体的に取り組む
べき」と記載されています。また、第4章「取締役会等の責務」では、上場
会社の取締役会は「(1) 企業戦略等の大きな方向性を示すこと、(2) 経営陣
幹部による適切なリスクテイクを支える環境整備を行うこと、(3) 経営陣・
取締役に対する実効性の高い監督を行うこと、をはじめとする役割・責務を
適切に果たすべき」、第5章「株主との対話」では、上場会社は「株主総会

の場以外においても、株主との間で建設的な対話を行うべき」と記載されています。

　これら５つの基本原則の下には原則や補充原則があり、その数は合計で約80個になります。実務においてもすべてを細かく覚える必要はないでしょう。その内容の意味するところを理解してください。

● コーポレートガバナンスの論点１ —— 取締役会、役員報酬

　コーポレートガバナンス・コードのなかから、重要と思われる原則をいくつか取り上げていきましょう。まず、取締役会についてお話をします。コードの「原則４－８．独立社外取締役の有効な活用」に、次の記載があります。「独立社外取締役は会社の持続的な成長と中長期的な企業価値の向上に寄与するように役割・責務を果たすべきであり、プライム市場上場会社はそのような資質を十分に備えた独立社外取締役を少なくとも３分の１（その他の市場の上場会社においては２名）以上選任すべきである。（以下略）」

　この原則は2021年６月に改訂され、下線部が書き換えられました。改訂前は上場会社の取締役会に求められる独立社外取締役は２名以上でしたが、今回の改訂でプライム市場上場会社の取締役会に求められる独立社外取締役の割合が３分の１以上になりました。

　数年前までは社外取締役を１人も選任していないことも珍しくない状況でしたので、日本企業の取締役会における独立社外取締役の割合は上昇傾向にあるといえるのですが、それでも欧米企業のそれと比較すると低い水準であることは否めません。独立社外取締役の存在は、企業経営に異なる視点を入れ、価値観の多様性を確保し、会社の意思決定の質を高めることにつながると考えられているため、一定以上の水準を満たすことが期待されています。なお、「独立」というのは、会社の大株主や主要取引先などの出身者ではなく、会社と利害関係がないことを意味しています。

　また、コードの「原則４－11．取締役会・監査役会の実効性確保のための前提条件」では、「取締役会は、（中略）ジェンダーや国際性、職歴、年齢の

面を含む多様性と適正規模を両立させる形で構成されるべきである。（以下略）」と記載されています。

　今、最も注目されているのはジェンダーの要素で、具体的には女性取締役の存在です。女性取締役に関しては、大半が弁護士や元官僚、大学の教授など社外出身者で、社内取締役はまだまだ少ないという課題があります。政府・民間で女性の活躍を推進する動きもありますので、将来的には女性が活躍する機会はますます増えていくものと予想されます。取締役会の適正規模に関しては、基本的には人数が多すぎると機動的な経営判断ができないのでよくないというコンセンサスが得られています。以前は、取締役の人数が20名以上という会社も少なくありませんでしたが、最近では概ね9〜10名程度が平均的な水準といえるでしょう。

　次に、役員報酬についてお話をします。日本企業と欧米企業の経営者の報酬を比較すると、日本企業においては、基本報酬の割合がより高く、年次インセンティブ（賞与）や長期インセンティブ（株式報酬）の割合はより低いことが知られています。日本企業の経営者の報酬は、業績が良くても悪くても報酬総額が大きく変動しない仕組みで、言い換えると企業価値向上に向けてのインセンティブが働きにくい仕組みになっているというわけです。

　国際比較の観点からは、日本企業はもっとインセンティブをつけて経営者と株主の利害を一致させるべきであると考えられており、コードの補充原則4−2①では、次のように記載されています。「取締役会は、経営陣の報酬が持続的な成長に向けた健全なインセンティブとして機能するよう、客観性・透明性ある手続に従い、報酬制度を設計し、具体的な報酬額を決定すべきである。（以下略）」

● コーポレートガバナンスの論点2──政策保有株式、買収防衛策

　その他の論点として、政策保有株式の問題を取り上げます。政策保有株式というのは、純投資目的以外の目的で保有する株式のことを指します。取引先同士、あるいは銀行と取引先との間で株式を持ち合うことは、日本企業の

慣行として戦後強まり、経営の安定や企業間の結束力の強化などの利点があるとされました。

　しかし、今ではいくつか問題点が指摘されています。政策保有株式は企業の貸借対照表（B/S）を考えるうえで、資金が十分に活用されていないわけですから、政策保有株式を保有している側の資本効率（ROEなど）を低下させることにつながります。また、政策保有株式を保有するということは、相手方の経営陣に白紙委任を与えることになるため、政策保有株式を保有されている側の企業経営に対する規律の緩みを生じさせるリスクが高くなります。

　こうした問題意識がコードに反映されています。「原則1－4.　政策保有株式」で、「上場会社が政策保有株式として上場株式を保有する場合には、政策保有株式の縮減に関する方針・考え方など、政策保有に関する方針を開示すべき」であり、「毎年、取締役会で、個別の政策保有株式について、保有目的が適切か、保有に伴う便益やリスクが資本コストに見合っているか等を具体的に精査し、保有の適否を検証するとともに、そうした検証の内容について開示すべき」と記載されています。

　続いて、経営計画などの情報開示の問題に触れたいと思います。日本企業の中期経営計画には、数値目標がないものや、定性的な記述にとどまるものが少なくない、という指摘があります。この点に関しては、昔から機関投資家による批判の的となっていました。コードの「原則5－2.　経営戦略や経営計画の策定・公表」では、「経営戦略や経営計画の策定・公表に当たっては、自社の資本コストを的確に把握した上で、収益計画や資本政策の基本的な方針を示すとともに、収益力・資本効率等に関する目標を提示し、（中略）具体的に何を実行するのかについて、株主に分かりやすい言葉・論理で明確に説明を行うべき」と指摘されています。

　最後に、買収防衛策に関して説明をします。買収防衛策が導入され始めたのは概ね2000年代半ば以降で、この頃には堀江貴文氏率いるライブドアが、当時フジテレビの親会社であったニッポン放送の大株主になって影響力を及

ぼそうとしたり、海外の投資ファンドが敵対的TOBを仕掛けたりするような動きがありました。

　日本企業全体に買収されてしまうのではないかという危機感が広がった結果、さまざまな形の買収防衛策が検討されました。最も有名なものとして、ポイズンピル（毒薬条項）と呼ばれるものがありますが、発動されると大規模買付者（敵対的買収者）以外に新株予約権が無償交付され、大規模買付者の持ち分を大幅に下げる効果があるというものです。こうした仕組みに対しては、企業価値の向上が目的ではなく、敵対的買収を排除して経営者が保身を図るために導入したのではないかという疑念の声があがりました。

　コードでは「原則1－5.　いわゆる買収防衛策」で「買収防衛の効果をもたらすことを企図してとられる方策は、経営陣・取締役会の保身を目的とするものであってはならない」とされ、「その導入・運用については、（中略）その必要性・合理性をしっかりと検討し、適正な手続を確保するとともに、株主に十分な説明を行うべきである」と記載されています。

● 機関投資家に求められる行動──エンゲージメントと議決権行使

　コーポレートガバナンスの論点を整理したところで、次に機関投資家とコーポレートガバナンスの関わりについて考えていきましょう。機関投資家の行動原則であるスチュワードシップ・コードについて説明をします。このコードには8つの原則がありますが、特に重要だと思われるのは以下の2つの原則です。

・原則4　機関投資家は、投資先企業との建設的な「目的を持った対話」を通じて、投資先企業と認識の共有を図るとともに、問題の改善に努めるべきである。

・原則5　機関投資家は、議決権の行使と行使結果の公表について明確な方針を持つとともに、議決権行使の方針については、単に形式的な判断基準にとどまるのではなく、投資先企業の持続的成長に資するものとなるよう工夫すべきである。

原則４ではいわゆるエンゲージメントのこと、原則５では議決権行使のことが述べられています。これら２つが、機関投資家がコーポレートガバナンスに影響を与え、企業価値を高めるために貢献できる方法といえるでしょう。

　エンゲージメントに関しては、スチュワードシップ活動の報告書などを通じて、機関投資家が自らの成功事例を開示することも増えています。一例として、A社に関する事例を紹介しましょう。A社は総合化学メーカーですが、本業との関連の薄い食品メーカーの株式を大量に保有している状況です。そこで、機関投資家側は「保有の意義を確認するとともに、必要性が低ければ売却の検討が必要なのではないか」と伝えました。一方、会社側からは「確かに株式は過去の取引関係に基づいて取得したもので、保有意義は薄れている。保有の是非について社内で検討したい」という回答があり、結果的にその政策保有株式の売却が行われた、という事例です。この事例でわかるように、機関投資家には、エンゲージメントを通じて企業行動の変化を促すことが期待されているのです。

　一方の議決権行使についても解説しておきましょう。株主総会における議案に関して賛否の判断を行うわけですが、機関投資家はどのような議案に対して反対するのか、あらかじめ議決権行使基準と呼ばれるものを設けています。機関投資家ごとにその内容は異なりますが、ROE（自己資本利益率）が一定水準より低い場合や独立社外取締役の割合が一定水準に満たない場合に、取締役選任議案に反対するなどの基準を設けています。

　取締役の選任に関しては、本来はどういったスキル・経験を持つ人物なのかという実質的な面が重要なのですが、実務的には議決権行使基準を用いて外形的な判断がなされています。これはどうしてかというと、TOPIX連動型のインデックスファンドなどを想定すると、６月の株主総会シーズンにおいて、1000社を超える膨大な議決権行使の判断をしなければならないからです。限られた時間のなかで、効果的・効率的な議決権行使を行うために、このような方法がとられているのです。

また現実的には、会社提案の議案が否決されることは滅多にありません。それでも議決権行使を行うのはなぜかというと、議決権行使に企業へのメッセージを与えるという側面があるからです。つまり、反対行使をすることで、今の経営に不満があるというメッセージを送り、企業の変革を促しているのです。例えば、ROEが低い会社の経営トップに反対行使をすることで、その会社が不採算事業から撤退したり、株主還元を拡大したりするなどの企業行動の変化を期待しているのです。

● アクティビストをどう考えるべきか？

　最後に、アクティビストと呼ばれる投資家の活動に触れておきましょう。アクティビストとは、株式を一定程度取得したうえで、投資先企業の経営陣に対して敵対的なアプローチで提言や要求を行い、企業価値の向上をめざす投資家と定義できるでしょう。

　アクティビストの多くは、当初は投資先企業と水面下で交渉を行いますが、交渉がうまくいかなかった場合には、株主提案権を行使するという強硬な手段に訴えることがあります。具体的には、現預金が豊富ないわゆるキャッシュリッチ企業に対して株主還元を求める、経営者の交代や独立社外取締役の選任を求める、政策保有株式の売却を求める、買収防衛策の廃止を求める、などの事例がみられます。一般的な機関投資家が、エンゲージメントと議決権行使を通じて企業行動の変化を促すのに対して、アクティビストは力ずくで企業行動を変化させようとする投資家といえるかもしれません。

　最近のアクティビストによる提案の内容は、企業価値向上につながると考えられるものも少なくなく、他の機関投資家や、議決権行使における賛否の推奨を機関投資家に提供するISSやグラス・ルイスといった議決権行使助言会社の賛同を集めることも多くなっています。なかには、アクティビストによる株主提案が可決されたという事例も出てきており、ますます影響力を高めているといえるでしょう。

　以上、コーポレートガバナンスに関する議論は、資産運用の世界に進まれ

る方はもちろんのこと、それ以外の業種に進まれる方にとっても将来的に役立つことがあるのではないかと思います。実務においても動きが活発な分野でもありますので、関心を持っていただければ幸いです。

問・アクティビストの話が興味深く、アクティビストの活動は個人的には良いことなのではないかと考えています。アクティビストは企業からはどのようにみられているのでしょうか。

加藤・あいにくアクティビストの日本における評判はあまり良いものではありません。多くの企業においては、短期的な利益の獲得や株主還元ばかりを求めていると警戒されています。2000年代半ばにおけるアクティビストの活動が大きな批判を受けた影響もあるのだと思います。米国でもかつてはあまり評判が良くなかったのですが、今ではその行動が企業価値向上につながるとして、一定の評価がなされており、機関投資家や年金基金と共同歩調をとるような事例もみられます。日本において、アクティビストが受け入れられていくかは、その行動や提案内容が企業価値を高めるのに妥当なものであるのかにかかっているといえるでしょう。

第**9**章

金融商品取引法と資産運用業

村岡 佳紀

資産運用業の姿から義務を考える

　私は、資産運用会社で法務リスクなどのマネジメントの仕事をしています。今回の講義では、資産運用業を規律する金融商品取引法の説明をします。この法律を理解するために、資産運用業とはどういうものかを考えます。仕事の流れを、省略して図式化してみました（図表9-1）。

　運用財産は一般的に「ファンド」と呼ばれ、これを運用する資産運用業には、例えば信託銀行が行う「信託業」や、投資信託委託業や投資一任業務などの「投資運用業」などがあります。投資家はファンドを通じて有価証券等に投資します。ここでは投資運用業（投資信託委託業）を念頭に記述します。運用までの流れは次のようになります。

①「勧誘」：投資運用業者が、販売会社（銀行や証券会社など。図表では省略）を通じて、自社に運用を任せること（投資信託の購入）を投資家に呼びかけます。

②「金銭」を信託：投資家は、勧誘時に提供される情報をみて、投資信託を購入するか（運用を任せるか）どうかを判断し、購入する場合は販売会社に金銭（購入資金）を渡します。この金銭は、販売会社を通じて信託銀行等に信託し保管（プール）されます。

図表9-1 資産運用業の基本スキーム

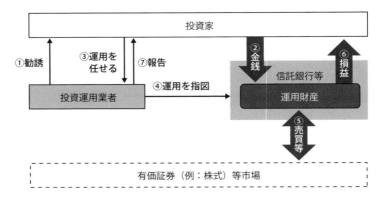

③「運用を任せる」：投資家は、投資信託を購入することにより、プール
　された運用財産の運用を投資運用業者に任せます。

④「運用を指図」：任された投資運用業者は、信託銀行等に対し、有価証
　券等の売買（例えば「トヨタの株の10000株買い」）を行うよう指図しま
　す。

⑤「売買等」：信託銀行等は、運用財産を使って、証券取引所で株などの
　有価証券等（「等」は、デリバティブ取引に係る権利などが該当します。）
　を売買します。

⑥「損益」：株の売買による損失や利益（損益）は投資家に帰属します。

⑦「報告」：投資運用業者は、運用の状況や結果を投資家に報告します。

　こうして示すと、投資運用業の特徴が3つ出てきます。特徴の1つ目は、
投資家が投資運用業者に運用を「任せる」行為です。投資家は、投資運用業
者が運用のプロと「信じて」自己の金銭の運用を任せ（託し）、任された投
資運用業者は「運用のプロとしての信頼に応える」必要があります。

　運用の結果は損失も利益もともに投資家に帰属するため、任された投資運
用業者は、任せてくれた「投資家のために」忠実に運用する義務（忠実義務）
が生じます。また「プロとしての注意」を払い運用する義務（善管注意義務）

図表9-2 資産運用業者の義務

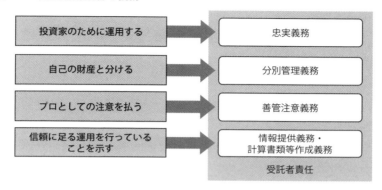

投資家のために運用する	→	忠実義務
自己の財産と分ける	→	分別管理義務
プロとしての注意を払う	→	善管注意義務
信頼に足る運用を行っていることを示す	→	情報提供義務・計算書類等作成義務

受託者責任

も生じます。さらには、信じて任せ続けてよいかを投資家が判断できるよう、信頼に足る運用を行っていることを投資家に定期的に示し（情報提供義務）、示すために必要な証跡を残す義務（計算書類等作成義務）も生じます。このような義務を総称して「受託者責任」（Fiduciary duty）といいます。

　投資運用業は、信じて任せられた投資運用業者が、当然にして生じる各種義務（受託者責任）を果たすことを前提として成り立っています（図表9-2）。

　特徴の2つ目は、投資家ごとの投資経験の差と、投資運用業者との情報格差の存在です。投資家はさまざまで、保険会社などの機関投資家、国が制度運営する公的年金、民間の企業年金、そして個人もいて、運用を任せるかどうかの判断に必要な情報や知識の保有状況、運用を任せる目的もそれぞれ異なります。投資家には、投資運用業者から提供されないと把握できない情報も存在します。そのため勧誘に際しては、その投資家が必要とする情報を投資運用業者や販売会社が伝え、どのようなリスクがあるかなどを説明する必要があります（説明義務）。

　また、その投資家の投資目的や知識・経験などに照らして適合する投資や運用であるかを投資運用業者が確認し、適する場合にのみ勧誘することも必要です（適合性の原則）。

図表9-3 資産運用業者の行動原則

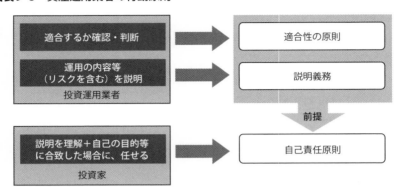

投資家が自らの判断のもと投資（投資信託の購入など）した場合の損益は投資家自身に帰属することが投資の大前提（自己責任原則）ですが、投資家もさまざまであることから、投資家に「自己責任」を問うためには、投資運用業者や販売会社が投資家に見合った「適合性の原則」や「説明義務」を履行することが重要かつ前提となります（図表9-3）。

特徴の3つ目は、投資においては「フェア（公正）な取引」が必要ということです。投資運用業者は、運用財産を使って金融市場で売買を行いますが、そこでの価格が公正な取引で決められ、市場が円滑に機能しなければ、仕事ができません。市場が特定の人のため、もしくは不正な行為によって機能しなくなれば、自分も他の市場参加者も、ひいては（公正な市場は資金を動かして適切に分配し経済の発展を促すため、それが機能しなければ）社会全体も傷つきます。公正な市場の維持は、投資運用業者だけでなく市場参加者全員が当然果たすべき責務となります。

● 投資運用業者や市場参加者の義務・責任が法律で明確になる

前述の3つの特徴は、投資運用業者や市場参加者に、その仕組みから果たすべき義務や責任が「当然にして」生じるというものです。ただし、残念な

がら現実にはこれらを果たさない者も生じるため、ルール（規制）の整備が必要となり、その1つが金融商品取引法（略して金商法）となりますが、金商法で規律されているから遵守するということではなく、仕組みからそもそも当然にして行わなければならないものであることを、投資運用業者や市場参加者は理解し行動することが重要です。

　以下では、金商法でどのように規定・規律されているか、代表的な条文を確認します。

　反復継続して行う何らかの営利行為を「業」といい、投資運用業のほか、証券業、銀行業などさまざまな業が世の中には存在します。投資家保護や公正な取引の確保などの観点から、業を規律する法律を「業法」といい、金商法はその1つになります。投資運用業は、金商法上の金融商品取引業の1つに該当します。

　金商法の一条には、この法律の目的を書いています。

（目的）第一条

この法律は、企業内容等の開示の制度を整備するとともに、金融商品取引業を行う者に関し必要な事項を定め、金融商品取引所の適切な運営を確保すること等により、有価証券の発行及び金融商品等の取引等を公正にし、有価証券の流通を円滑にするほか、資本市場の機能の十全な発揮による金融商品等の公正な価格形成等を図り、もつて国民経済の健全な発展及び投資者の保護に資することを目的とする。

　金商法は、金融商品取引業や金融商品取引所に必要な規律を規定し、証券市場などにおける「取引の公正」「有価証券の円滑な流通」「公正な価格形成」を図ることで、「国民経済の健全な発展」と「投資家の保護」を行うことを目的とする法律です。

　金商法の内容を一部みてみましょう。

　三十七条の三では、顧客が投資一任契約の締結や投資信託を取得する前

に、「金融商品取引業者等は」「あらかじめ、顧客に対し」「書面を交付しなければならない」ことを定めています。また記載すべき事項も定めており、例えば「契約の概要」（一項三号）や「手数料、報酬」（同項四号）や「相場その他の指標に係る変動により損失が生ずることとなるおそれ」（市場リスク）などを書面（紙）に書いて渡すことが規定されています。今は電子交付もできる条文も整備されていますが、顧客はインターネットやパソコンなどに慣れていない個人もいるため、顧客保護の観点から原則は紙とし、一定の要件のもと例外的に電子交付を認めています。この書面交付は説明義務の履行の1つとなります。

　その他、説明義務以外の前述の諸原則・各種義務も金商法に規定されています。

　四十条一項には「適合性の原則」、具体的には「顧客の知識、経験、財産の状況及び金融商品取引契約を締結する目的に照らして不適当と認められる勧誘を行つて投資者の保護に欠けること」の「ないように、その業務を行わなければならない」と規定されています。

　四十二条一項には「金融商品取引業者等は、権利者」（投資一任契約では委任者、投資信託では受益者。つまり顧客）「のため忠実に投資運用業を行わなければならない」（忠実義務）と規定しています。同条二項には「善良な管理者の注意をもつて投資運用業を行わなければならない」（善管注意義務）と規定しています。ここでいう「善良な管理者」とは、法律上使われる言葉で投資運用業を専門とするプロの会社をいいます。投資運用業者が当然払うべき注意を払って運用しなければならないことを明記しています。

　四十二条の二では、投資運用業における禁止行為が列挙されています。ここは法律の雰囲気をみるために条文を引用してみます。

（禁止行為）第四十二条の二
金融商品取引業者等は、その行う投資運用業に関して、次に掲げる行為をしてはならない。ただし、第一号及び第二号に掲げる行為にあつて

は、投資者の保護に欠け、若しくは取引の公正を害し、又は金融商品取引業の信用を失墜させるおそれのないものとして内閣府令で定めるものを除く。

一　自己又はその取締役若しくは執行役との間における取引を行うことを内容とした運用を行うこと。

二　運用財産相互間において取引を行うことを内容とした運用を行うこと。

三　特定の金融商品、金融指標又はオプションに関し、取引に基づく価格、指標、数値又は対価の額の変動を利用して自己又は権利者以外の第三者の利益を図る目的をもつて、正当な根拠を有しない取引を行うことを内容とした運用を行うこと。

四　通常の取引の条件と異なる条件で、かつ、当該条件での取引が権利者の利益を害することとなる条件での取引を行うことを内容とした運用を行うこと。

五　運用として行う取引に関する情報を利用して、自己の計算において有価証券の売買その他の取引等を行うこと。

六　運用財産の運用として行つた取引により生じた権利者の損失の全部若しくは一部を補塡し、又は運用財産の運用として行つた取引により生じた権利者の利益に追加する（以下略）

七　前各号に掲げるもののほか、投資者の保護に欠け、若しくは取引の公正を害し、又は金融商品取引業の信用を失墜させるものとして内閣府令で定める行為

（下線・筆者）

　この条文では、一号が投資運用業者とファンド間の取引、二号が投資運用業者の運用財産間の取引、三号がファンドの権利者（投資信託の受益者など）以外の第三者の利益を図る目的での運用（取引）、四号が権利者の利益を害する通常の取引条件と異なる条件での取引、五号が運用情報を利用して投資運用業者が取引を行うことを禁止しています。これらは忠実義務に反する具

体的な行為を規定したものです。

　六号は投資運用業者の損失補塡や特別な利益提供を禁止するとともに、投資家の「自己責任原則」を示したものです。七号は、投資者（投資家）保護に欠ける行為、取引の公正を害する行為、信用失墜行為を禁止していますが、具体的な内容は内閣府令で定められ、いずれも法律上の罰則が設けられています。

　この他にも、投資運用業者の財産と顧客の運用財産を分けて管理しなければならないこと（分別管理義務）が四十二条の四に、定期的に運用報告書を交付しなければならないこと（情報提供義務）が四十二条の七に、投資運用業に関する帳簿書類を作成・保存しなければならないこと（計算書類等作成義務）が四十七条に、各々規定されています。

「不正行為の禁止」は全投資家の責務

　百五十七条には「不正行為の禁止」が書かれています。ここまで紹介した条文は金融商品取引業者等、すなわち投資運用業者が主語ですが、ここでの主語は「何人（なんぴと）」、つまりすべての人が対象になっています。

（不正行為の禁止）第百五十七条
何人も、次に掲げる行為をしてはならない。
一　有価証券の売買その他の取引又はデリバティブ取引等について、<u>不正の手段</u>、計画又は技巧をすること。
二　有価証券の売買その他の取引又はデリバティブ取引等について、重要な事項について<u>虚偽の表示</u>があり、又は誤解を生じさせないために必要な重要な事実の表示が欠けている文書その他の表示を使用して金銭その他の財産を取得すること。
三　<u>有価証券の売買</u>その他の取引又はデリバティブ取引等を<u>誘引する目的</u>をもって、<u>虚偽の相場を利用</u>すること。　　　　　　　　（下線・筆者）

どんな行為がこの「何人も」の禁止行為に当てはまるかというと、一号では「不正の手段」、二号では「虚偽の表示」、三号では「有価証券の売買」を「誘引する目的をもって、虚偽の相場を利用」すること（例えば他人の売買を誘って活況にみせ、その証券の取引を増やす状況を作り出すようなこと）などとしています。

　これらは当たり前のことと思われるかもしれません。しかし世の中には、それでも違法なことをやる人がいるのです。金商法は、罰金や懲役などの罰則も規定していますが、法律の効果としては、そういうことをしないように知らしめる狙いもあります。

　この他にも、百五十八条では「風説の流布、偽計、暴行又は脅迫の禁止」が定められています。これも「何人も」が主語です。風説の流布とは噂を流すことです。相場の変動を図る目的（例えば特定の株価を意図的に動かそうとする目的）で噂を流して（ネット上も含む）、株などの売買等を行うことを禁じています。偽計とは人を欺く計略やその手段をいい、暴行や脅迫事件も昔から稀ではありますが存在するため、明確に禁止されています。特に風説の流布は、みなさん学生であっても巻き込まれる可能性があるので、注意をしてください。さらに「相場操縦行為等の禁止」も百五十九条で定められており、相場を動かすだけでなく、くぎ付けにしたり固定したりすることも禁じています。

　この他、百六十六条では「会社関係者の禁止行為」が規定されています。「上場会社等に係る業務等に関する重要事実」を「知つたもの」は、「当該業務等に関する重要事実の公表がされた後でなければ、当該上場会社等の特定有価証券等に係る売買」等を「してはならない」と規定されています。いわゆるインサイダー取引の禁止です。重要事実とは株価に影響を与える可能性のある情報で、未公表の重要情報を知った者が公表前に株の売買を行うことは公正（フェア）ではないため、取引の公正性確保の観点で禁じています。この禁止条項の主語は「何人も」ではありませんが、会社関係者は該当企業の役員だけでなく、大株主、該当企業と取引のある証券会社など対象が広く

とられており、みなさんも例えば上場企業の役員であるご両親から重要情報を聞いて、その企業の株を売買したりすると、この禁止事項に抵触する可能性があるため注意が必要です。

法律の読み方――仕組みからルールを考える

　最後に、法律との向き合い方についての私の考えを述べます。私は20年ほど法務の仕事をしてきましたが、この職種では珍しく、みなさんと同じ経済学部の出身者です（本講義は経済学部で講義）。法学の知識がない分、先入観にとらわれず、仕組みからみて法律をどう考えるかというアプローチから入りました。このアプローチで法律に向き合うと、業法がいかに実務を踏まえつつ業務の本質を書いているのか実感できるようになり、結果、社会の仕組みが深くみえるようになります。みなさんが将来、法務の仕事を任されたとしても、ネガティブに捉えずむしろ異なる目線で仕事ができると前向きに考えていただければと思います。

　また、法律の条文はとても細かく覚えるのは大変です。記憶に頼ると覚えていない条文に反する行為を起こしかねません。むしろ、なぜ法律で禁止されたり行為を義務付けられたりしているのか、その理由や目的を業務の仕組みに照らして考え理解し、その理解に照らして業務を行うと、条文を覚えていなくても比較的安全に進められ、問題も適切に解決しやすくなります。これは資産運用業に限らず、あらゆるビジネスで同じです。

　法律はどちらかといえば必要最低限のルールを書いているにすぎません。法律に書いてあるからできる／できないではなく、その仕組みからやっていい／やってはいけないを考え理解し、法律はそれを明確にしているだけと捉えていただくと、法律はわかりやすく、抵抗感も薄まると思います。

第10章

法令、自主規制、コード、規制の形と将来

岡田 則之

● 目まぐるしく変わる規制の姿

　本章では、法律以外の金融規制として、自主規制と最近注目を集めるコードについて説明します。

　金融は規制の多い世界で、これは世界共通です。金融は経済活動を支えるインフラであり、高い公共性を持っている一方で、物の取引とは異なる性質があります。金融商品は目にみえず、内容の理解が簡単ではありません。また予想外に変動して損得が膨らむため、取引に人々の思惑や欲望が入り込みやすく、一般人でもプロでも思わぬ損失に見舞われることがあります。金融が特殊な取引である以上、必然的に規制は多くなります。

　ところが金融の世界では商品の組成や取引に自由度がないと、金融技術の発展や取引の活性化は見込めないという問題があります。このため金融関係の規制は、強化したと思ったら、一転自由化を進めてみたり、今度はまた強化したりと、短い周期で規制の強弱が揺れ動くことがあります。これから話す金融規制もそうして揺れ動いた結果の姿であり、この先もまだ変わります。ですから、ある時点の規制を表面的に捉えるのではなく、この規制の目的は何で、なぜそれが必要なのかという背景や実質的意味を探る姿勢が重要です。

図表10-1　法令、自主規制、コードの違い

| | （強制力あり）←　　　　　　　　　　　　→（強制力なし） | | |
	法令	**自主規制**	**コード**
制定者	国	自主規制団体	誰でも可
規制の対象者	法令で明示	団体のメンバー	受諾した人
規制のしかた	具体的	具体的	抽象的
違反した場合	刑罰 行政処分	団体内の制裁	なし

　図表10-1に、規制の形態別に「法令」「自主規制」「コード」の特徴を示しました。これらの関係を説明しましょう。

　規制の中で、法律は強制力のある代表的な規制です。資産運用の世界では金融商品取引法がその中心となります。法律はその下に詳細を定めた政令や省令（または府令）があり、まとめて「法令」といわれます。法令は国が制定し、規制の対象となる業者やその行為を条文で細かく定めます。規制のしかたも「○○をしてはならない」などと具体的に書いてあります。違反した場合には、裁判所による刑罰や行政官庁による行政処分という罰則がついています。

● 自主規制とは何か

　自主規制とは、業者が自ら定めて順守するルールです。金融に限らず、どの産業界にも同一の業務を行う業者が集まった業界団体がありますが、そこが自主規制団体として活動しているケースが多くみられます。

　法令があるのに、なぜ自主規制が必要なのでしょうか。第1に、自主規制は法令による規制の対象にならない範囲においても、一定の秩序を作ることができるという特徴があります。法令は国民の自由な行動を制約するもので、必要最小限の範囲でしか制定できません。とりわけ行政法規は、自由な

経済活動の制約になるとして、絶えず規制緩和の対象となっています。したがって法令のカバーしていない分野が生まれることがあります。そうした空白部分に一定の秩序が必要である場合には、自主規制の対象となります。

第2に、自主規制は専門的な領域まで踏み込んでルールを作ることができるメリットがあります。現場における業務フローを業界内で統一したほうが良い場合などに便利です。

第3に、自主規制は最新の動きを踏まえて迅速なアップデートが可能です。法令の改正は可能ですが、政府内部の調整や、国会審議などに相応の時間がかかるので、迅速性では自主規制のほうが勝ります。

しかし自主規制もいいことばかりではありません。業界メンバーが求める利益と社会が必要とする公益上の要請とが対立する場合には、利益相反が生じる可能性があります。業界にとって厳しい規制が求められる場合には、法令が必要となります。

金融商品取引法では、金融庁が自主規制団体を認可・認定することができます。認可・認定を受けている主な自主規制団体としては、日本証券業協会、投資信託協会や日本投資顧問業協会があります。

金融商品取引法の自主規制団体としては、対象分野別に1つの自主規制団体が認可・認定されています。異なるルールが複数存在すると現場が混乱するため、各分野で認可・認定される団体は1つということになります。また複数の業態にまたがって業務を行う金融業者は、該当するそれぞれの団体に加入することになります。

こうした自主規制団体は、ルールを定めるだけではなくメンバーの順守状況を監視し、守っていないメンバーがあればペナルティを科します。事業者は自主規制団体への加入義務はありませんがビジネスを行ううえで、自主規制団体に加入し、一定のルールを守りながら業務を行うことは、顧客から信頼を得るために有利に働くことが多いため、加入しているのが普通です。

● 自主規制のタイプ、規範性

　次に自主規制の内容ですが、代表的なものは「法令解釈型」です。これは、法令に反しないためには、業務上どのような行動をとればいいのかを具体的に定めるものです。自主規制そのものは、金融庁の審査などを受けずに自由に作れますが、自主規制団体では、法律違反などに問われない保証を得るために、法令を担当している金融庁と相談しながら自主規制を作っていきます。ちなみに日本投資顧問業協会の自主規制の大部分は、この「法令解釈型」であり、業界のニーズが高いといえます。

　例として、金融広告に関する規制を紹介します。金融商品取引法では広告で「著しく事実に相違する表示」や「著しく人を誤認させるような表示」をしてはならないとあります。しかしどういう表示が法令違反になるのかという具体的な基準は示されていません。そこで日本投資顧問業協会では「広告、勧誘等に関する自主規制基準」を作って、このやり方で広告を行うように具体的方法を示しています。

　2番目は「空白補完型」です。これは法令が定めを置いていない領域に、一定の秩序を作るための自主規制です。例えば、業者同士の取引は法律上自由とされているが、具体的な方法を統一しておかないと混乱が生じかねないときなどに、「空白補完型」の自主規制が定められます。

　最後は「ベストプラクティス追求型」です。これは法令が求めていないレベルまで、業務の質を高めることを目的としたもので、法律の上乗せ規制といえます。例えば、投資家の信頼を得るために、法令が定めているよりも手厚い投資家保護措置を業界全体が自主的に行おうとする場合に、こうした自主規制が作られます。

　最後に自主規制の規範性について説明します。自主規制団体に加入する業者が自主規制に違反した場合に、その団体は不利益処分を行います。過怠金の賦課、会員権の一定期間の停止、団体からの除名などです。自主規制団体に加入する業者は自主規制で定めた方法でしか業務ができなくなる一方で、

自主規制団体に加入していない業者は自主規制に縛られず、法令の範囲内なら自由に活動できることになります。投資家保護などの観点からこれを放置して構わないかという問題に対し、金融商品取引法では一定の範囲で対策を講じています。具体的には、自主規制団体に加入していない資産運用会社でも、自主規制に準じた社内規則の作成とそれを順守する体制を整備しておかないと、行政がその資産運用会社の登録を認めないという規定を二十九条の四で設けています。金融商品取引法上の認可・認定を受けた自主規制団体の自主規制のなかには、法的効果を持つものがあることに留意をしてください。

コードの規制と未来

コードについては第7章でも説明しているので、コードの性質に絞って他の規制と比較する視点から説明します。

金融の世界でコードとは、誰でも自由に制定でき、自らそれを守ると宣言した業者のみが順守すればよいという自由度の高い規制です。その内容も、原則は示すが具体的にとるべき行動は自分で考えさせるというユニークなもので、違反しても処罰されません。

図表10-2　インベストメント・チェーン

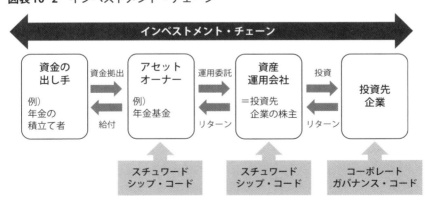

規制らしくない規制ですが、近年資産運用業界で存在感を増しており、金融庁もこれを重視しています。コーポレートガバナンス・コードやスチュワードシップ・コードのほか、顧客本位の業務運営に関する原則もコードの1つです。

　コードの特徴としてよくいわれる2つの性質があります。ただし、コードは自由度の高いもので、この2つの性質を持っていないとコードではないというわけではありません。あくまでも典型的な性質として、理解してください。

　まず「プリンシプル・ベース・アプローチ（Principle-based Approach）」です。これは前述したように、どうあるべきかを示し、それを達成する方法は各事業者に任せるというやり方です。対極にあるのが具体的な行為規制を定めている法律で、プリンシプル・ベースに対してルール・ベースと呼ばれています。また、コードは法的拘束力がなく、守らなくても処罰されないという意味で、法律の対極にあります。法律をハード・ローと呼ぶのに対し、コードはソフト・ローと呼ばれています。法律は行為規制なので、書いてあるとおりのことを形式的にやっていれば処罰されず、「形式順守・実質脱法」ということが起こりえます。しかし原則だけ示すコードのもとでは、業者のとった行動が、原則の趣旨に沿ったものかどうかが常に問われるため、結果責任を負っていることになります。その分、順守する者にとって厳しい規制といえます。

　もう1つの性質は、「コンプライ・オア・エクスプレイン・アプローチ（Comply or Explain Approach）」です。コードの各原則について、順守（コンプライ）するか、それに従わずその理由を説明（エクスプレイン）するかの自由があるというものです。例えば複数の原則から成るコードを受諾した者が、1番目の原則には従うが、2番目の原則については理由を説明して従わないという選択ができます。これは法律による規制では許されないことです。

　金融の世界では、規制強化と規制緩和が短期間で揺れ動き、規制のあり方

はその時々で変化すると最初にお話ししましたが、1990年代に英国で生まれたコードというユニークな規制が、このまま定着して存在し続けるかどうかについて考えてみたいと思います。存在し続けるには、何が必要なのでしょうか。これまではコードのメリットを説明しましたが、ここでは問題点を指摘します。最大の問題点は、放っておくとコードは形式主義に陥るということです。例えば細かい論点を網羅して、これについてどうするべきと具体的に書き込むようになるために個別の行為を規制する傾向が強まります。実際のコードを読むと、詳細を定めた補充的な原則や指針が細かすぎると感じる方も多いでしょう。

　コードが行為規制の色合いを強めると、事業者の間で相場観ができ、横並びの形式的な対応で済ませる動きが生まれます。そのほうが楽だからです。コードは元々、法律のアンチテーゼとして登場しました。法律に書かれているとおりに形だけ振る舞っていれば趣旨に反していても罰せられないという「形式順守・実質脱法」を避けるための道具のはずが、細かく書き込めば書き込むほど、法律に似てしまうという形式主義の罠に陥ります。

　コードの趣旨を活かすには、業者に常に本質に立ち返って自分で考えさせ、行動させる実質主義が必要になります。そうなると業者ごとに対応はまちまちになり、そのなかからベストプラクティスが生まれます。他の業者はそれをさらに改善して新たなベストプラクティスを生み出します。こうしたベストプラクティスを競う環境が生み出せるかどうかが、今後もコードが存在し続けるか否かの鍵になります。

　そのことを指摘している2つの文章を示します。1つは、コードの検証を行っている金融庁のフォローアップ会議の意見書に出てくる有名なフレーズです。

　「この改革を「形式」から「実質」へと深化させることが重要な課題である。」
　（「機関投資家による実効的なスチュワードシップ活動のあり方」（「スチュ

ワードシップ・コード及びコーポレートガバナンス・コードのフォローアップ会議」意見書（3）））

　もう１つは2020年の英国のコード改定で、見直し作業の主導的な役割を果たした、ジョン・キングマン氏のレビューの指摘です。

If the Code remains simply a driver of boilerplate reporting, serious consideration should be given to its abolition.
　（Sir John Kingman による英スチュワードシップ・コードに関するレビューより抜粋）

　「ありきたりの決まり文句を並べた形式的な報告が単に並ぶだけなら、コードを廃止することを真剣に考えたほうがよい」という、辛辣なコメントです。
　以上の文章が指摘するように、コードが形だけ守られるようになってしまったら、存在する意味がありません。コードは従来と発想の異なる新しい規制ですから、理想的な形で社会に定着させるのは、そもそも難しいことです。それができるかどうかは、コードを受諾した企業自身の決意にかかっています。

● ２つのコードの課題

　では、コードが持つ本来の機能を発揮させるには、具体的にどうすればよいのでしょうか。
　コードがめざす理想的な姿は、コードを受諾した企業の努力を、株主や顧客がきちんと評価し、その信頼度の高まりが新しい株主や顧客を呼び込むというプラスの循環です。そうした循環が生まれれば、企業は成長し、経済全体にプラスの効果が出てきます。
　コーポレートガバナンス・コードを例にとれば、投資先企業がコードに

図表10-3　エンゲージメントの実態

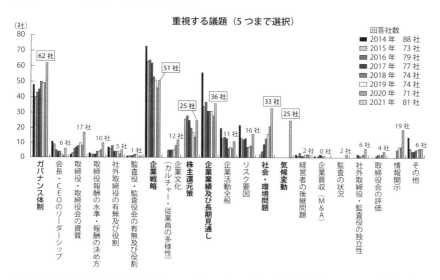

(出所) 日本投資顧問業協会：日本版スチュワードシップ・コードへの対応等に関するアンケート (第8回).

沿って努力する姿を株主である資産運用会社が正しく評価し、さらなる改善点を投資先企業と一緒になって探ることです。こうした話し合いの場がエンゲージメントですが、これが正しく機能すれば、コードの中身を細かく規定する必要はありません。

　例えば、投資先企業と株主である資産運用会社の話し合いを通じて、それぞれの企業の実態に合わせた形で取締役会メンバーの多様性が確保され企業価値の向上が期待できる体制ができるのであれば、わざわざコードで社外取締役が何人必要かを一律に決める必要はないはずです。

　ただし、こうしたことができるようになるには、単にコードを定めるだけでなく、資産運用会社、投資先企業とも、それに沿って実質的に行動できる実力をそなえる必要があります。コードの規定が細かくなり法律に似てくるのは、この仕組みがうまく機能していないため、本来当事者間で話し合って

決めるべき事柄を明文としてコード上に書き込み続けた結果なのです。

　金融庁のフォローアップ会議で指摘されている、「形式」から「実質」への深化ができるかどうかが、今後コードが金融規制として定着していけるかどうかの鍵であり、それはまさに資産運用会社、投資先企業の努力にかかっているといえます。

資産運用業と金融商品の
基礎知識

第11章

資産運用業の社会的役割
——日本経済の好循環に向けて

蔵元 康雄

● 資産運用業とは何か

　私は1959年に証券会社に入社し、そこからフィデリティに移り、資産運用業に関わってきました。金融業界のなかで資産運用業は日本では比較的新しく、一般にはなかなか馴染みのない会社かもしれません。しかし、新しく未整備のところがあるゆえに大きな発展の可能性がある産業といえます。具体的なイメージを持っていただくために資産運用会社の種類を挙げると、投信委託会社、投資顧問会社、信託銀行、生命保険会社などになります。つまり資産運用会社とは「投資信託、企業年金、生命保険などの金融商品を、金融サービスの受益者（家計・個人）に代わり運用を行う」会社です。

　図表11-1は、家計から企業への資金の流れを示したものです。資産運用会社の仕事の舞台は、資本市場（キャピタルマーケット）になります。

　資産運用会社は、図の右にある家計（個人）の資産を集め、代わりに資本市場で運用する役割を持ちます。投資対象は日本企業の株式だけに限りません。海外企業、グローバル企業にも投資できますし、国債や地方債にも投資できます。

　その投資では、マクロ経済や企業調査、財務分析などに基づく投資アドバイス、投資戦略の立案と実行などを多様な調査情報と専門的な投資分析手法

図表11-1　日本経済の好循環

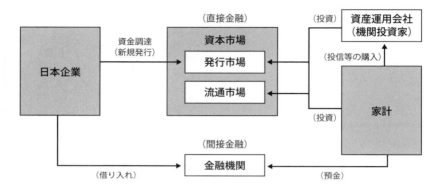

（日本企業⇔資産運用（資本市場）⇔家計資産の好循環）

を活用し、投資決定を顧客に代わって行います。投資では、さまざまな投資対象に分散投資するため、アセットアロケーション（資産の割り振り）を行います。

「人生100年時代」といわれるようになり、特に高齢化社会定着に伴う「退職後貯蓄形成」という社会的ニーズが高まっています。資産運用業は、投資活動で得た利益を家計にもたらし、退職後の長い人生を支える「備え」を増やす役割を持っています。

図表11-1の左の部分の日本企業は、資本市場で株式を発行し資金を調達します。株式は流通し、売買されます。また、社債を発行することもあります。企業は従業員の退職後の人生のために資金を運用したりすることもあります。

資産運用業は、こうした資金の循環において大きな役割を果たし、仕事を通じて良い影響を関係する人や企業、日本経済全体に与えられるのです。

● 直接金融を担う資産運用業、歴史と役割

かつて日本企業にとっては、銀行など金融機関からの融資、つまり「間接

金融」が高度経済成長時代においては重要でした。ところが近年、企業が資本市場から直接資金を調達する「直接金融」が年々大きくなっています。

　日本にはさまざまな有力企業がありますが、ほとんどの企業が最初は小さなベンチャー企業でした。そうした企業は株式公開をして資金を調達し、その資金を使い大きく飛躍しました。資本市場に上場すれば、株式発行により返済する必要のないお金を調達できます。もちろん、株式公開のために企業はさまざまな情報開示を求められ、また制約・規制を受けます。

　資産運用会社で働く証券アナリストは、その企業の現在の財務内容、稼ぐ力を考え、その会社は３年後、５年後、10年後、どのような発展をしているだろうか、競争力があるだろうか、何がその企業の収益を稼ぐエンジンになるだろうかというフォワードルッキングな将来の発展の可能性、収益力の持続的な伸びなどを調査します。また、持続的な発展を支える「企業統治」が適切に行われているかも調査の重要なポイントです。

　企業は、返済期限があり担保を取られる銀行融資と異なり、長期的に返済が求められない資金を、株式公開で得ることができます。投資する立場の私たちは、返済が保証されませんので、現在の資産内容もさることながら、３年後、５年後、10年後の投資先企業の資産のサステナビリティ（持続可能性）、さらにその会社の発展力（ポテンシャル）を分析します。そのためには企業が属する業界がどうなのか、その業界が将来どうなるのか、あるいはその会社が業界のなかでどのような位置になるのか、マーケティングの力はどうなのか、と総合的にみていくわけです。

　銀行、保険会社などは比較的、歴史のある会社で、特に銀行は明治の頃からありました。現在も地方経済を支える地方銀行が日本各地にありますが、資産運用会社は、日本ではまだ新しいのです。

　日本の個人金融資産で、全体に占める株式などの有価証券の割合が少ないのは、日本経済の歴史が影響しています。第２次世界大戦の敗北で日本の国土の多くが焼け野原になり、企業は資産を失い、家計にも貯蓄がありませんでした。

政府は政策的に、銀行預金や郵便貯金でお金を集め、その資金を石炭、セメント、鉄鋼などの基幹産業に回して、重要産業を育てようとしました。また、資本市場の育成よりも、銀行などの間接金融が重視されました。資産運用業の意義が認められて制度が整備され、業界全体が大きく成長を始めるのは、1980年代からになります。資産運用業の法的仕組みができたのは、1986年に「投資顧問業法」という法律が施行されたときからで、それに伴い社会的にも認知されたといえます。

● 受託者責任──他人の資産を預かる

　資産運用会社は、顧客の資金を預かるという仕事であるために、業務全般や社員の行動には厳しい制約があります。

　「受託者責任」という言葉があります。英語で「Fiduciary Duty」といいます。他人の資産を運用する受託者である資産運用会社の社員は、受益者に対して果たすべき責任と義務があるということです。

　その中身は、受益者の利益に反する取引を行わず、受益者の利益のためだけに職務を遂行する「忠実義務」、各々の立場にふさわしい者がふさわしい知識に基づいて注意を払う「善管注意義務」の2つです。

　例えば私が経営者から素晴らしい話を聞いて、その会社の株を買えば儲かると思ったときに、勝手に自分の利益のために買うことはできません。法律上も、また資産運用会社の内規の上でもさまざまな制約があります。

　このように運用を委託する委託者（すなわち受益者）の利益を最優先に行動することが、「忠実義務」です。またプロフェッショナルとして最大限の努力をして資産運用を行うことが「善管注意義務」です。

　2007年に「金融商品取引法」が施行されて、受託者責任を守らなければならないと法律で明確に定められました。問題行動があれば運用会社の業務停止もありえます。資産運用業では、働く人に非常に高い倫理観が求められています。また、それは顧客の信頼を得るための運用会社の競争力の源泉になっています。資産運用会社の人材は、少数精鋭で各部門のスペシャリスト

でなければなりませんし、同時に、倫理観のしっかりした人でなければならないのです。

● 証券アナリストの面白さ──魅力的な経営者が企業を決める

　私は日本の資産運用業の立ち上がり時期からこの業界で活動しています。若いときは証券アナリストとして活動していました。かつてに比べ、資本市場での企業活動の重要性は高まり、証券アナリストの役割、存在感は大きくなりました。

　資産運用会社では、証券アナリストは投資先の企業の情報を集めて分析し、チームの投資の責任を負うファンドマネージャーに助言するため、バイサイド・アナリストといわれます。一方で、個人投資家や機関投資家などに企業情報や業績見通しを提供するアナリストは、セルサイド・アナリストといいます。私はバイサイドの経歴を歩みました。

　証券や企業の見方では、さまざまな分析手法が開発され、それらを体系的に学べるCMA（Certified Member Analyst of the Securities Analysts Association of Japan：日本証券アナリスト協会認定アナリスト）という資格も整備されました。しかし、実際の分析には、知識に加えて幅広い視点が必要になります。先述したように、業界がどうなのか、その会社が業界の中でどのような位置にいるのか、そしてマーケティング力、商品開発力、組織の能力、さらに経営者のビジネスモデルの革新などを主導する力を総合的にみていくわけです。

　アナリストの仕事をすることで私は企業とともに、ロマンを追ってきました。なかでも、経営者の能力、つまり理念、構想力、先見力があるかどうかが、企業の将来に大きな影響を与えます。

　例えば、百貨店のマルイを展開する丸井グループがあります。その創業者、青井忠治さん（1904〜1975年）は次々とアイデアが湧く人でした。1960年代からアナリストなどに積極的に自分の商売を説明していました。月賦を使って、少額からでも良いものが買えるシステムを思いつきました。そ

のビジネスモデルが高度経済成長で増えたサラリーマン層の心をつかみ、同社は百貨店としては後発ですが大きく成長しました。

　この青井さんの孫が現在の丸井グループ社長の青井浩さんで、祖父同様、アイデアマンです。月賦販売のためのマルイカード（現エポスカード）の決済、顧客網を使い、さまざまなサービスに進出しています。時代に合わせて変化する創業者のDNAが、組織と経営者に受け継がれているのです。

　家具メーカーのニトリの前身である似鳥家具店は、1967年に当時23歳の似鳥昭雄さん（現ニトリホールディングス会長）によって創業されました。似鳥さんは27歳のときに米国を業界視察で訪問し、その豊かな品揃え、利便性の高い家具産業の実態をみて、日本でもこうした家具は売れ、ライフスタイルが変化すると予想したのです。同社の提供する欧米式の家具は豊かになった消費者のニーズに合い、急成長を続けることができました。ニトリは創業直後から、社員を米国に研修に行かせ、先進的な家具ビジネスを学ばせています。

　しかし創業理念を過度に重視して問題が起こる場合もあります。ある大手広告代理店が、不祥事を起こし社会的な批判を集めました。古い経営理念が影響し、社員を過重労働で縛っていたという批判が出ていました。経営者の理念、会社の文化は、時代とともに変えていく必要があります。

●未来に向けて──資産運用業はエキサイティング

　本章の締めくくりとして、日本の資産運用業が今後どうなるかをみなさんとともに考えます。

　図表11-2「主要国における個人金融資産の構成比率」では2021年の日本、米国、欧州の資産の構成比率を示しています。日本は2023兆円の金融資産があります。米国は118.2兆ドル（約1京3600兆円）、欧州は28.9兆ユーロ（約3800兆円）です。

　特徴的なのは、日本では現金・預金の割合が54％と高いことです。株式などの有価証券と投資信託は全体の15％にすぎません。米国はその部分が

図表11-2　主要国における個人金融資産の構成比率（2021年12月末時点）

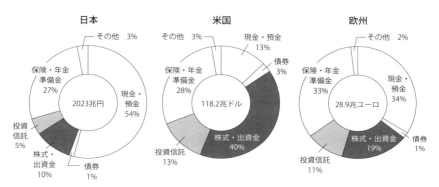

（出所）日本銀行，FRB，Refinitiv よりフィデリティ投信作成.

53％、欧州で30％です。保険や年金は、各国とも3割前後です。この部分は、資本市場で運用されます。欧米の個人金融資産は、資本市場と密接に結びついていますが、日本はあまりにも現金・預金に偏りすぎています。日本では預貯金の金利が、ほとんどなくなっているにもかかわらず、有価証券へのシフトが進みません。

　これまで述べてきたとおり、資本市場で優れた企業に資金が回り、その企業に関連する株式や社債の価格が上昇すれば、家計にも企業にも良い影響を与え、経済に好循環をもたらします。しかし日本では、そういう循環が米国のように活発に起きていないようにみえます。米国経済は20世紀後半から何度も経済危機に陥っては復活しています。多くのベンチャー企業や新しい企業が活発に生まれ、最近ではGAFAなど世界的企業が誕生しています。この背景に資本市場の強さがあると思います。

　つまり、日本経済の変革には新たな事業を展開する企業の登場と、これを支える資本市場と資産運用業が両輪として噛み合っていくことが必要とされます。資産運用業が産業としてもっと発展し、資本市場がもっと活用されるようになって、日本の金融資産の活用が活発になれば、リスクをとる資金が

動き、企業も家計も資産を利用して豊かになれると思います。

　これまで私の経験を話しましたが、資産運用会社は日本では歴史が浅く新しい形態の企業です。そして社会的な役割も年々増大しています。業界としての成長ポテンシャルがあり、しかもやりがいがあります。若いうちから責任があり、重要な仕事ができます。みなさんにとって、働く場として面白くエキサイティングで魅力的な産業といえるでしょう。人生100年時代、仕事で50年以上の人生を費やすわけで、単に年収が多いとか少ないとかいうことよりも、生きがいと働きがいが必要になります。ぜひみなさんには資産運用業の世界に入り、新しい未来を切り開いてもらいたいと思います。

問・長期投資、短期投資とは、それぞれ期間はどれぐらいでしょうか。またどちらの投資がいいのでしょうか。

蔵元・私の時間軸でいうと、2〜3年で収益を出す投資が短期で、10年程度の期間を考える投資が長期でしょうか。ただ立場によって異なります。製造業では、投資決定から回収まで10年規模で考えるでしょうし、市場の売買で即日に利益を得たいという人もいるはずです。ただ資産運用会社の扱う資金は、企業年金、生命保険、投資信託という支払いまで時間がある資金を扱いますので長期投資の資金が多くなります。

　ただし長期、短期のどちらかがいい投資ということはありません。参加者がさまざまな投資スタイルや考えで市場に向き合うことで、市場の流動性が高まり、会社の見方についてさまざまな情報が流れ、さまざまなタイプの投資家がいることによって、資本市場が適切に運営され、良い姿になると思います。

第**12**章

投資資産（株式・債券）のリスクとリターン

山口 勝業

● 「お金を融通する」金融の意味

　今回の講義では投資のリスクとリターンをめぐる基本的な理論の「さわり」を説明します。まず、そもそも金融とは文字どおり「お金を融通すること」です。融通の仕方には２通りあって、１つは貸し借りの取引で融通するという方法です。例えば銀行から企業が融資を受けたり、企業が債券を発行したりという場合、借り手側の企業にとっては債務、貸し手側の銀行や債券投資家にとっては債権を持つ取引です。もう１つは企業が事業活動に必要な資金を株式や出資金として調達することで、個人で事業を始める場合の出資金や株式会社が発行する株式を購入する出資です。

　また「間接金融」と「直接金融」という言葉を聞いたことがあるでしょう。この違いについてたずねると、多くの人からは「銀行が間接金融で、証券会社は直接金融」という答えが返ってきます。これは間違いとはいえませんが、より本質的には「誰がどのようにリスクを負担しているか」にその違いがあります。

　銀行は預金者から預金を集めて企業や個人に融資をしますが、貸した相手が利息や元本を払ってくれない債務不履行のリスクは銀行が負担しており、預金者にはただちにその影響が及ばない仕組みなので間接金融といわれま

す。

　一方、株式や社債などの証券が発行されると、証券会社はいったんそれを引き受けます。これを発行市場と呼びます。証券会社は、すぐさまそれを投資家に売りさばいて、証券を保有することに伴うリスクはすぐに投資家に転嫁されますので、投資家が直接にリスクを負担するという意味で直接金融といわれます。

　直接金融では最初に債券や株式を購入した投資家は、それらを後で他の投資家に転売することができます。この転売を可能にしているのが「流通市場」で、具体的には例えば東京証券取引所などの市場や金融機関同士が参加する債券市場です。

● 証券市場の３つの役割

　証券市場には３つの大きな役割があります。第１は「流動性の供給」で、市場参加者は保有する株や債券を売り、現金に換えることができます。第２は「多様な参加者による集合的に分散されたリスク負担」で、プロの機関投資家から個人投資家まで幅広い投資家が市場に参加していることで、負債や出資に伴うリスクを証券の形で小口に分割して多くの投資家に分散して負担できるわけです。第３は「価格発見機能」で、多くの投資家が市場を通じて売買取引に参加する結果、市場参加者の評価の総意としてその時々の証券価格が成立します。この結果、経済活動に必要となる資金が適切な価格や利回りで適切に配分されるように働きます。

　2007年から2008年にかけて世界的な金融危機の原因となった米国のサブプライム・ローン問題は、間接金融の取引を直接金融の取引に持ち込んだところに大きな落とし穴がありました。もともと低所得者向けの住宅ローンは間接金融でしたが、その債権・債務関係を証券化という手法で直接金融に変換し、その証券を世界中の投資家に売却したためにリスクは米国の金融機関にとどまらず、世界中に蔓延してしまいました。証券化はリスクを小口に分割して多様な投資家に分散し社会全体で負担するというプラスの側面があり

ますが、サブプライムを組み込んだ証券には流動性の機能や一部の大手金融機関に取引が集中して価格発見機能といった市場の機能が不十分だったことが一因で、危機が深刻化したのです。

ここで証券市場での価格形成を理解するうえで重要な金融経済学の概念を2つ紹介しておきましょう。その1つは「効率的市場」で、これは情報がただちに低コストですべての投資家に効率的に伝達され、その情報がただちに証券価格に反映されることを意味します。こうした状況では、自分ひとりだけが先回りして他の市場参加者よりも早く情報を手に入れて他の人々(市場平均)よりも多く儲けることは不可能です。

もう1つは「裁定取引」で、経済学では「一物一価の法則」と呼ばれる概念です。同種の証券が同じ時間に別々の市場(例えば東証と証券会社が運営する電子取引(PTS)市場)で違う値段で取引されていたとしたら、何が起こるでしょうか。めざとい投資家や証券会社は同じ証券を安いほうの取引所で買い、ただちに高い値段で別の取引所で売ることができます。こうした値ザヤ稼ぎを裁定取引といいます。裁定取引ではもはや値ザヤ稼ぎができないくらいに、同じ時間にはどこで取引しても同じ値段になるように価格が決定されます。

● 将来価値を現在に置き換えて現在価値が決まる

それでは証券をはじめとする金融商品の価格はどのように決まるのかという問題を考えましょう。経済学では価格は需要と供給によって決まると教えています。通常の商品の取引ではお金を払えばその場で商品と交換されますが、金融取引は「現在のお金と将来のお金の取引」という点に大きな違いがあります。

みなさんは、今日もらう1万円と、10年後にもらう1万円のどちらがうれしいでしょうか。もちろん今日もらえる1万円のほうがうれしい。つまり今日のほうが10年後よりも1万円の価値は高いと感じるでしょう。

10年後の将来のお金の今日の現在価値はどう評価すればいいでしょうか。

銀行に預ければ1年で5％の金利が受け取れる状況にあったとしましょう。将来の1万円をその金利で割り引けば現在の価値になおせます。1年後の1万円を1.05で割ると約9520円となり、これが現在価値です。2年後の1万円の現在価値は、それを複利の二乗（1.05）^{2}で割った約9070円になります。同様に10年後にもらえる1万円の現在価値は、1万円/(1.05)^{10}で約6140円です。

　将来10年間にわたって毎年1万円ずつもらえる約束がある場合、その現在価値は毎年の現在価値（PV: Present Value）を合計すればよいわけです。

$$PV = \frac{1}{(1+0.05)^1} + \frac{1}{(1+0.05)^2} + \frac{1}{(1+0.05)^3} + \cdots + \frac{1}{(1+0.05)^{10}}$$

$$= 7.7217$$

　このように証券の価値は、その証券が生み出すと予想される将来のお金（利息や配当）をある割引率で割り引いた現在価値として評価されます。将来のキャッシュフローを割り引く（discountする）方法を、一般にDCF（Discount Cash Flow）法と呼んでいます。

　将来お金を生み出す財産を一般に「資産」といい、債券や株式などの金融資産のほかにも、工場設備や店舗など不動産のような実物資産もありますし、パテント（特許）や著作権のような無形資産もあります。DCF法はあらゆる資産の現在価値を評価する場合に使えますが、ここでは金融資産に限って話をすすめましょう。

　まず債券の理論価格について説明します。債券とは国、地方公共団体、民間企業などの発行体が資金を借り入れる際に、投資家に発行する借用証書のことです。そこには「利息はいくらか」とか「借りた金をいつ返すか」が記されています。

　債券を購入した投資家には、将来にわたって利息収入と元本返済という2つのキャッシュフローが約束されています。満期まで保有し続けるならば、

その利息と元本の割引現在価値の合計が債券の理論価格になります。Iを利息の金額、Fを元本、rを金利として、満期T年後まで保有する場合には、この債券の現在価値（価格）は次の式で計算されます。

$$P = \sum_{t=1}^{T} \frac{I_t}{(1+r)^t} + \frac{F_T}{(1+r)^T}$$

　＝（毎年の利息の現在価値）＋（T年後の元本の現在価値）

　この式の分子である将来支払われる利息Iや元本Fの金額は、債券が発行されたときに約束で決められています。ところが、分母の金利（割引率）は発行された後の金融情勢によって変動します。このため発行された後に市場金利が上昇すれば、分子は一定なのに分母が大きくなるので債券価格は下落します。債券の価格変動リスクは、主に金利変動リスクから生じるわけです。

　では、株式の理論価格はどのように計算されるでしょうか。DCF法に従って現在価値を求めるという点では株価も債券価格の場合と同様です。しかし、株式の場合にはDCF法の分子と分母の数値に不確実な要素が多いのが大きな違いです。

　ある会社が将来t時点で支払う配当をD_t、割引率をrとすると、株式の現在価値PVはDCF法に従えば次の式であらわされます。

$$PV = \frac{D_1}{(1+r)} + \frac{D_2}{(1+r)^2} + \cdots = \sum_{t=1}^{\infty} \frac{D_t}{(1+r)^t}$$

　ここで債券の場合とは3つの点で違いがあります。第1に、債券では満期がありましたが、株式では期間が無限（∞）になっています。企業が倒産して株式が消滅しないかぎり、株式には満期がないからです。

　第2に、分子の配当の金額は確実に約束されていません。企業は業績が好調であれば配当を増やすかもしれませんが、収益が低下すると配当を減らし

たり、場合によってはまったく支払えなかったりするかもしれません。

　第3の違いは分母の割引率です。債券の割引率である市場金利は新聞など
で知ることができますが、株式の割引率はどこにも情報がありません。株式
は債券よりもリスクが高いので、債券よりも高い割引率で割り引かなければ
ならないはずですが、そのリスクに見合ってどれくらい高い上乗せ金利（こ
れを「リスクプレミアム」といいます）で割り引けばよいかは明らかではな
いのです。

　このように株式の現在価値（理論価格）は将来の見通しやリスクをどう評
価するかによって、また評価する人によって違ってきます。ある1つの企業
に対しても、楽観的な人は将来の配当は順調に増える（分子は高い）だろう、
その会社の事業リスクは小さい（分母は低い）だろうと判断するので、現在
価値を高く評価します。逆に悲観的な人はその逆の評価をしますから、評価
した現在価値の結論は異なります。

　市場に参加する投資家のなかには楽観的な人々も悲観的な人々もいます。
楽観的な人々は株式を買いたいと思うでしょうし、悲観的な人々は持ってい
る株があれば売ってしまいたいと思うでしょう。買い手と売り手が証券市場
を通じて売買取引を行って成立した取引価格が株価です。

　ここで価値（value）と価格（price）は漢字で書けば似ている言葉ですが、
英語では表記だけでなくその意味が大きく違うことに気をつけましょう。価
値は将来のキャッシュフローの見通しを割り引いて求められますが、その答
えは評価する人によって違います。一方、価格はさまざまな評価者（投資家）
が市場で売買行動を起こす結果、需要（買い）と供給（売り）の出会ったと
ころで、ある時点ではただ1つの価格として決まります。

● 証券投資のリターン

　証券に投資して得られるリターンとリスクをどう計測するかを説明しま
しょう。証券投資から得られるリターンには2種類あり、1つは配当や利息
などのインカム・リターン、もう1つは証券価格の変化によるキャピタル・

リターンです。値下がりした場合に後者はマイナスになることもあります。これら2つのリターンを合計したものをトータル・リターンといいます。t期中のインカム・リターンをi_t、t期末の価格をP_tとすると、1つの証券のある1期間tのトータル・リターンは以下の式で計算できます。

$$r_t = \frac{i_t}{P_{t-1}} + \frac{P_t - P_{t-1}}{P_{t-1}}$$

複数の証券をまとめて保有している状態を「ポートフォリオ」と呼びます。N個の証券で構成されたポートフォリオの1期間のリターンr_pを測定するには、それぞれの証券iのリターンr_iを期初の保有割合w_iで加重平均して求めます。

$$r_p = w_1 \cdot r_1 + w_2 \cdot r_2 + \cdots + w_N \cdot r_N = \sum_{i=1}^{N} w_i \cdot r_i$$

$$\sum_{i=1}^{N} w_i = 1.00$$

この1期間である証券は値上がりし、別の証券は値下がりして、それぞれの証券のリターンは異なります。しかし、ポートフォリオではそうした動きがある程度相殺されて保有銘柄すべての加重平均になるわけです。

さらに何年間も証券やポートフォリオを保有し続けた場合には、期間を通じた平均リターンを計算することができます。T年間での平均リターンを測定するには、算術平均（Arithmetic mean）と幾何平均（Geometric mean）という2通りの方法があります。1年目のリターンをr_1、2年目のリターンをr_2……とすると、T年間の平均リターンは以下のように計算されます。

$$\text{算術平均：} \bar{r}_A = (r_1 + r_2 + \cdots + r_T)/T = \frac{1}{T} \sum_{t=1}^{T} r_t$$

$$\text{幾何平均：} \bar{r}_G = \sqrt[T]{(1+r_1)(1+r_2)\cdots(1+r_T)} - 1 = \sqrt[T]{\prod_{t=1}^{T}(1+r_t)} - 1$$

この２つの平均の意味の違いは、算術平均ではT年間のサンプル期間のなかで「典型的なある１年のリターン」を計測しているのに対して、幾何平均ではT年間を通してみると「年率平均で何パーセントの複利で運用できたことになるか」を計算していることになります。

●証券投資のリスク

　リターンが毎期変動するのは、主として証券価格が変動してキャピタル・リターンが変動するからです。例えば東京証券取引所１部上場企業の株式すべてをポートフォリオとする株価指数のトータル・リターンを毎年計測して、その分布の状態を表したものが図表12-1です。図中の４桁の数値は暦年を表しており、例えばリーマン・ショックで世界的に株価暴落が起きた2008年は分布の左端のマイナス40％に位置しています。これを確率分布として捉えると、1952年から2018年までの67年間の算術平均は13.2％で、分布の広がりを表す標準偏差は28.8％にもなります。

　このようにリターンの確率分布が広いので、来年のリターンを予測することが難しいところに証券投資のリスクがあります。リスクの大きさはリターンの確率分布の幅を標準偏差σで計測して表します。「100年に一度の金融危機」といわれた2008年の株価暴落も-2σの範囲内でした。一方、戦後まもない1952年や高度経済成長の末期1972年には100％以上、つまり１年間で東証１部上場企業全体の株価が倍以上になった年がありました。

　こうした毎年の激しい株価変動を事前に予測することは不可能です。では株価はまったくランダムに動いているのかというと、実は長期的には日本企業の収益力とその成長に連動しているのです。企業の自己資本を元手に稼いだ税引き後利益の収益率を「自己資本利益率」（ROE = Return on Equity）といいます。その利益の一部は配当として支払われ、残りは内部留保されて自己資本に組み入れられます。いずれにせよこの収益は株主に帰属します。このように企業が資本を使って事業を行い、実力で稼いだ利益を「ファンダメ

図表12-1 国内株式のリターンのばらつき（1952～2018年）

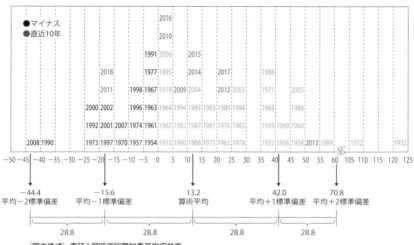

〈国内株式〉東証1部時価総額加重平均収益率

（出所）東証1部全銘柄加重平均トータル・リターン（日本証券経済研究所「株式投資収益率」および東京証券取引所「配当込みTOPIX指数」よりイボットソン・アソシエイツ・ジャパンが作成）.

ンタル・リターン」と呼ぶことにしましょう。一方、これとは別に株式市場で投資家が得るリターンを「市場リターン」と呼ぶことにします。

　市場リターンは企業が実力で稼いだ「ファンダメンタル・リターン」の部分と、投資家が企業を評価して株価を形成する過程で生じる「評価変動リターン」に分解できます。さらに前者は企業が稼いだ利益の一部を自己資本に組み入れて成長する部分と、利益の残りの部分を株主に支払う「配当インカム・リターン」から構成されます。

$$市場リターン＝ファンダメンタル・リターン＋評価変動リターン$$
$$＝自己資本の成長＋配当インカム・リターン$$
$$＋評価変動リターン$$

図表12-2　株式市場の長期的パフォーマンス

（単位：年率%）

	計測期間	米国 1871〜2014年	日本 1962〜2008年
ファンダメンタル・リターン	自己資本の成長	3.9	6.9
	配当インカム	4.5	2.3
	小計	8.4	9.2
評価変動リターン		0.4	0.8
市場リターン	合計	8.8	10.0

（出所）米国：Philip U. Straehl and Roger G. Ibbotson, "The Long-Run Drivers of Stock Returns: Total Payouts and the Real Economy", *Financial Analysts Journal*, Third Quarter 2017, p.49. Figure A1. 日本：山口勝業「時系列分析から見た株式投資」『日本経済新聞』2009年7月2日朝刊「経済教室」.

　評価変動リターンが生まれるのは、その時々で投資家の株式に対する評価が楽観的になったり悲観的になったりして株価が激しく変動するからです。例えば1980年代末期のバブル経済の頃、株価は日本企業を実力以上に過大評価していたといえますし、2008年のリーマン・ショック直後の暴落では多くの投資家が悲観的な見通しを抱いたために過小評価に陥ったといえるでしょう。

　図表12-2は超長期の株式の市場リターンがどこからどれだけ生まれたかを日本（1962〜2008年）と米国（1871〜2014年）で計測した結果を示しています。評価変動リターンは短期的には上下に激しく変動しますが、長期間では各年のプラスとマイナスが相殺されて日米とも平均値はほぼゼロに近い数値になっています。一方、企業の事業活動から生み出されたファンダメンタル・リターンは、長期的な平均値は日米ともプラス8〜9％程度でした。

　したがって株式投資に取り組むためには、短期的な変動が激しい一方で長期的な平均はほぼゼロに近い評価変動リターンに振り回されることなく、長期的な視点に立って企業の収益力・成長力の持続性を見極めることが大切です。

● リターンの背景にはリスクがある

　証券投資からはリターンが得られる一方でリスクもあります。いや、むしろリスクをとることの報酬としてリターンが得られるというべきでしょう。同じような性質を持つ金融資産をそれぞれの市場全体で一まとめにした概念を「資産クラス」と呼びます。図表12-3は株式、債券、短期金融資産という3つの資産クラスについて、1970年から2018年までの時系列リターンのデータをもとに幾何平均年率リターン（縦軸）とリスク（横軸）を日本と外国の株式・債券で計測した結果をプロットしたものです。国内外いずれの市場でも長期間ではリスクの高い資産クラスはそれに応じた高いリターンを、リスクの低い資産はそれに応じた低いリターンを実現してきたことがわかります。

　ところで、やみくもに高いリスクをとれば、その見返りに必ず高いリター

図表12-3　各資産のリスクとリターン（1970年1月～2018年12月）

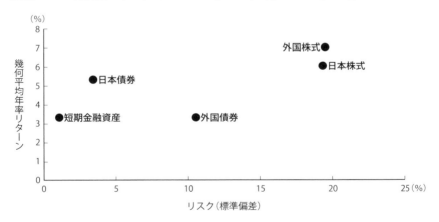

（注）利息・配当等は再投資している。取引費用・税金等は一切かからないと仮定している。
（出所）日本株式：東証1部時価総額加重平均収益率，外国株式：MSCIコクサイ（グロス，円ベース），日本債券：NOMURA-BPI総合，外国債券：1984年12月以前はイボットソン・アソシエイツ・ジャパン外国債券ポートフォリオ（円ベース），1985年1月以降はFTSE世界国債（除く日本，円ベース），短期金融資産：有担保コール翌日物。

ンを得られるわけではありません。証券投資に伴うリスクは大別すると2種類あります。1つは「市場リスク」（または「システマティック・リスク」）で、経済や市場全体に起因するリスクです。例えば景気や金利の変動や為替レートの変動などで、どの企業も多かれ少なかれ影響を受けるため市場全体の相場水準を動かすようなリスクです。

　もう1つの「固有リスク」はある会社や産業だけに発生するリスクで、例えば欠陥商品を製造してしまう、役員が不祥事を起こす、工場が火事で操業停止になるなど1つの企業だけで起きるリスクや、原油価格の高騰で航空業界や海運業界などが打撃を受けるといった一部の産業だけが影響を受けるリスクをいいます。

　たった1つの企業の株式に投資する場合に比べて、数多くの企業や産業の株式に幅広く分散投資すれば固有リスクは減らすことができます。むやみにリスクをとるのではなく、分散できるリスクはなるべく分散しておいたほうがリターンの安定性は高まります。

　このように銘柄の分散投資をすすめれば、たしかに固有リスクは減らすことができますが、それでも市場リスク（システマティック・リスク）は残ります。では市場リスクをさらに減らすにはどうしたらよいでしょうか。そのためには国内に限らず海外市場を含む複数の異なる資産クラスに幅広く分散投資を図ることです。これをアセットアロケーション（資産配分）といい、次章でとりあげます。

質疑
応答

問・講義では数式や統計がたくさん出て来たので、文科系の私はついていくのが大変でした。文科系でも理解するには、やはり数学をもっと勉強したほうがいいですか。

山口・冒頭に述べたように、投資で成功するには分散投資と長期投資が

もっとも大事です。

　でも数学を使わずに、小中学校の国語や日常生活で習ったことのある「ことわざ」で言い換えると、図表12-4のようになります。これでちょっと直観的に理解できましたか。

図表12-4　ことわざに学ぶ投資の基本10か条

リスクを減らすには分散投資

1. 虎穴に入らずんば虎子を得ず	リスクをとらないとリターンは得られない
2. 君子危うきに近寄らず	あまりにリスクが高そうな投資には手を出さないほうが賢明
3. 二兎を追う者は一兎をも得ず	利回りが高くて成長性も高い投資対象はなかなか存在しない
4. 石橋を叩いて渡る	複雑でリスクが高そうな投資は、よく検討してから
5. 木を見て森を見ず	個別の銘柄・投信よりも、まずポートフォリオ全体の資産配分

リターンを得るには長期投資

6. 桃栗三年、柿八年	投資の果実を手にするためには長年の辛抱が必要だ
7. ちりも積もれば山となる	少額の積み立て投資でもコツコツと続ける
8. 羹に懲りて膾を吹く	相場が少し下落したからといって安全資産に乗り換えない
9. 人の行く裏に道あり花の山	人気の金融商品はすでに高値になっているかも
10. 習うより慣れろ	本で勉強するだけでなく、自分で少しずつやってみる

第 **13** 章

アセットアロケーションと分散投資

竹崎 竜二

● 運用業務とアセットアロケーション

　私はファンドラップ、顧客に対してリスク許容度に合わせたラップ口座の運用を行っています。本章の前半では運用の実務でのアセットアロケーション（資産配分）、そして後半では個人投資のトピックを紹介します。

　まず、私たちがどのように資産運用を仕事として行っているかを説明しましょう。投資をする際には、まず投資環境分析を行います。内外の景気、金融・財政政策、為替、企業業績などの状況を考えます。また商品には投資制約があるため、とることのできるリスクや配分のガイドラインなどをチェックします。

　そのうえで資産配分と銘柄選択を行います（私のファンドラップ運用は、扱っているファンドをベースにした資産配分とファンド配分になります）。それで運用資産のパフォーマンスが出ます。その要因分析を行いつつ、必要に応じて投資戦略を修正します。同時に他社動向の分析も行います。

　投資ではアセットアロケーション、つまり株式や債券等にどれだけの割合で資金を配分するかを考える必要があります。教科書的にまとめると、資産配分で期待リターン、リスクが変わります。

　資産配分は、3〜5年を想定して決める「戦略的資産配分（Strategic

Asset Allocation)」と 3 〜 6 カ月で決める「戦術的資産配分（Tactical Asset Allocation)」、さらに日次や週次で決める「ダイナミック・アセットアロケーション（Dynamic Asset Allocation)」があります。

戦略的資産配分の重要性

　資産運用では、この「戦略的資産配分」が重要になります。運用結果に、戦略的資産配分が70〜80％以上の影響を与えているという調査や研究が報告されています。何の種類に投資するかでおおよその結果が決まり、あとは小さな理由というわけです。

　個別株に投資している人からみると、不思議に思うかもしれません。確かに個別株では株ごとに騰落に差がありますが、成績の良い会社もその他の会社も、何割かは市場平均に連動しています。投資を個別銘柄に分散すると、ある程度市場平均に連動する要素が大きくなっていきます。そのため、市場平均とポートフォリオが似てしまうのです。

　それでは投資家が、どのような資産配分をしているかみてみましょう（図表13-1）。

　パネルAはGPIF（年金積立金管理運用独立行政法人）の配分です。現在、GPIFは約190兆円を運用している世界最大の運用組織です。資産配分の方法を全部公開しており、株式と債券が半々、そして国内と国外に半々です。

　パネルBは企業年金（2019年度）を合算した資産配分です。株の比率が約21％と少し低い感じです。国内債券（22.5％）、外国債券（17.1％）、利回りを確定させる資金の一般勘定（18.7％）、短期資産（6.1％）を足すと約6割が債券になります。GPIFより債券が多く、株が少ない、保守的な運用をしています。

　パネルCは国内株式投信の配分です。パネルA・Bとの違いは、投信をカテゴリー別にみた残高構成比なので、投資家が意図した資産配分ではなく、積み上げた集合体の平均ということです。最近は、ETF（上場投資信託）を日銀が大量に保有しており、それが約4割を占めるその他の部分になりま

図表13-1　各投資主体の資産配分

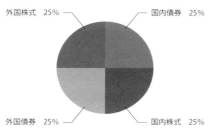

A：GPIFの基本ポートフォリオ
（2020年4月から5か年）

外国株式　25%
国内債券　25%
外国債券　25%
国内株式　25%

（出所）GPIF.

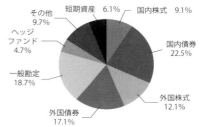

B：企業年金の資産配分
（2019年度）

その他 9.7%
短期資産 6.1%
国内株式 9.1%
ヘッジファンド 4.7%
一般勘定 18.7%
外国債券 17.1%
国内債券 22.5%
外国株式 12.1%

（出所）企業年金連合会.

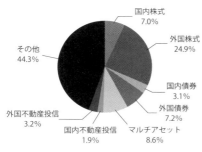

C：国内株式投信の分類別構成比
（2021年10月）

国内株式 7.0%
外国株式 24.9%
その他 44.3%
国内債券 3.1%
外国債券 7.2%
外国不動産投信 3.2%
国内不動産投信 1.9%
マルチアセット 8.6%

（出所）NRI, Fundmark Report.

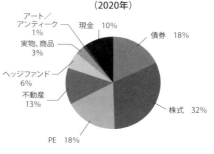

D：ファミリーオフィスの資産配分
（2020年）

アート／アンティーク 1%
現金 10%
実物、商品 3%
債券 18%
ヘッジファンド 6%
不動産 13%
株式 32%
PE 18%

（出所）UBS, Campden, The Global Family Office Report2021.

す。それ以外は多くが個人投資家となり、国内株式が7%に対して外国株式が約25%で1対3強です。個人投資家は、リターンの高い外国株式に投資をしていることを示しています。

　パネルDは海外の富裕層の配分です。ファミリーオフィス（家族の運用会社）を持っていて、6割程度を株やPE（プライベート・エクイティ）、不動産など、リスクはあっても高いリターンの金融商品に投資をしています。

みなさんが今後資産運用をするときは、こうした他の投資家の行動も参考にしていただきたいと思います。

● 資産分散と戦略的資産配分

具体的な資産分散が、どのように投資結果に影響するのかをみてみましょう。リスクとリターンの関係を示したものを有効フロンティアといいます。図表13-2はその関係を示したものです。

①が日本株、日本債、外国株、外国債という伝統的4資産のポートフォリオの有効フロンティアです。②はREIT（リート、不動産投資信託）、ヘッジファンド、エマージングマーケット（新興国市場）まで、投資を広げたものです。③は海外のETFに投資したもので、低リスク、低リターンの動きをしている国内資産がないので、①②より右に位置しています。④は為替ヘッジした資産を区分したうえで全世界の資産へ投資をしたものです。

分散させる資産を増やしていくと有効フロンティアは広がっていくことが確認できます。

これまで、資産配分の話をしてきましたが、どの分野に投資するかを決めた後で、その対象群の中でどれに投資するかの資産分散も重要になります。長期では変動は平均に収れんしますが、短期ではそのカテゴリーの中の個別資産、例えば株の銘柄の動きが影響してしまいます。特にアクティブ運用を行っている場合は、その影響が出てきます。

また資産配分では、資産相互の相関に注目する必要があります。日本株は日本や外国の債券との動きは低い相関ですが、外国の株式とは高い相関になる傾向があります。リスクを減らす場合には、別の動きをする資産を増やします。

次に、実務でどのように戦略的資産配分を決めるかを紹介します。各資産の動きの数値を算出し、その動きを予測します。まず各資産のリターンとリスクを算出します。このリターンを算出するには、ビルディング・ブロックといったリターンの構成要素を積み上げて算出するものや、世界経済の動き

図表13-2 資産分散と有効フロンティア（2003年4月〜2021年10月）

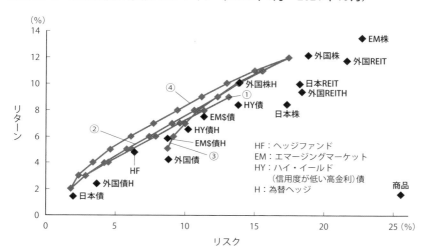

（注）　2003年4月〜2021年10月の月次リターンより計算．年率換算．円換算．日本株はTOPIX，日本債は
NOMURA-BPI総合，外国株はMSCI KOKUSAI指数，外国債はFTSE世界国債指数（除く日本），日本REIT
は東証REIT指数，外国REITはS&P先進国REIT指数（除く日本，配当込み），商品はS&P GSCI商品指数，
HFはHFRI総合指数（円ヘッジ），EM株はMSCIエマージング・マーケット・インデックス，EM$債はJPモ
ルガン新興国ドル建て債指数（EMBI＋），EM$債HはEM$債を円ヘッジ，HY債はBarclays米国HY-Very
Liquid指数，HY債HはHY債を円ヘッジ，外国株HはMSCI-KOKUSAI円ヘッジ指数，外国債HはFTSE世界
国債（除く日本）円ヘッジ指数，外国REITHはS&P先進国REIT（除く日本，配当込み）円ヘッジ指数より．
円ヘッジは直先スプレッド1カ月より算出．
（出所）　Bloombergよりウエルス・スクエア作成．

のシナリオを作り各資産のリターンを予想するものがあります。各資産の期
待リターンやリスク、相関、リスク許容度から配分を決定します。

　こうした大枠は各社同じですが、その配分は各社で異なり、運用者の腕の
見せ所となります。歴史的にみると、世界的に金利は低いため、今後のシナ
リオ作りではその変化を考える必要があります。

　また、商品を作るときに関係してくるのですが、資産区分の問題がありま
す。1990年に日本株は世界の時価総額の4割ぐらいを占めていましたが、今
は世界の5％ぐらいしかありません。一方で、新興国の株は10〜15％まで
拡大してきました。そのうち、中国株の時価総額は日本株からわずかに少な

い程度まで拡大してきました。世界に投資先が広がり、そして多様になりました。内外株式、内外債券という4資産に分けて運用する習慣が日本ではありましたが、それが妥当かという議論があります。区分、投資割合も実情に応じて変わっていくでしょう。

　次に戦術的資産配分という短い期間での資産配分をどのように行っているかも説明します。各種重要な指標があり、数百の指標をチェックすることで投資環境を確認し、金融政策などの当局の動きも確認しながら、未来を考えます。

　また分析の過程で回帰分析という統計学的手法も使います。それでファンダメンタルと資産や、資産間の分析をします。例えば米国株は、国際的な株価指数と相関性は強いのですが、大企業の多い米S&P500指数はここ10年それを上回り、ハイテク株中心の米ナスダック指数はそれをさらに上回っています。これらを投資対象として資産配分に活用すれば、数年の期間で成績の差を生みます。

　また資産配分では為替を独立して考え、先渡取引等を使ってヘッジをする手法があります。ヘッジをすると資産は本来持っている動きになりますが、一方でヘッジのコストがかかります。

　さらに、高金利国の債券を組み入れた金融商品があります。そうした国は多くの場合、インフレ率が高く、中央銀行が金利を上げて為替水準の維持を行おうとしていることが多いため、短期的には為替が維持されますが、長期では為替が安くなる傾向にあります。こうした場合、ヘッジをしていないと見かけの高金利を受けられても、結果的に日本円建てでマイナスになるといったこともあります。

● 家計の資産配分

　次に私が個人的に研究している家計の資産配分、個人の投資行動について興味深い現象を説明します。まず年齢と資産配分の問題です。少子高齢化が進むなかで考えなければいけない問題です。

図表13-3　家計の資産配分について

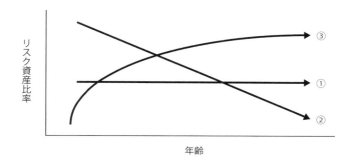

　図表13-3は年齢を横軸、リスク資産比率（資産に占める株や不動産の比率）を縦軸にしたものです。以前は①のように、年齢にかかわらず一定比率でリスク資産を有するのが望ましいと考えられてきました。ですが、ここ20年ほど、将来の収入を割引現在価値で考え投資をする、つまり収入が減る高齢にそなえ、年齢とともにリスク資産を減らすべきという考え方になってきました。②の考え方です。

　ところが実態は、年齢とともにリスク資産の配分は上がり、増加率は年齢とともに低下するものの、そのまま逓増していくという③の関係のようになっています。これはどの国でも観察されます。

　理由はいろいろ考えられますが、1つは高齢者と貯蓄の問題です。若いときは住宅取得のために、リスク資産を低めにして貯蓄そのものを積み上げます。また住宅を取得しても負債を抱えるため、リスク資産比率を低く抑えようとするということがあります。年齢を重ねて、負債を返していくことでようやく資産側について、リスク資産を活用して増やしていくことができるようになります。そうしてリスク資産比率が上がっていきます。高齢者になると、昔から死ぬときまでにお金を使い切ろうという話がありますが、実はそうなっていません。日本でも米国でも貯蓄の割合が、60歳と70歳で横ばいのままで、あまりお金を使いません。そして高齢になると、新規投資には慎

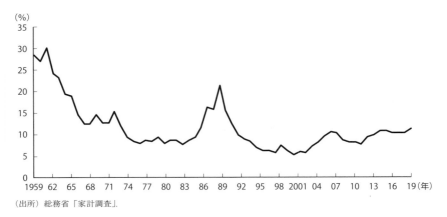

（出所）総務省「家計調査」.

重になる傾向があり、そのために③の形になっている可能性があります。

　次に家計と株式・株式投信の割合について考えます。図表13-4は少し長い期間でグラフを描いてみたものです。

　日本では1950年代、家計の株式・株式投信比率は約3割でした。それが下がり続け、1989年前後のバブルの時代に一度高まり、その後は1割ぐらいに低下していましたが、株の上がったここ数年は少し上昇しました。

　この変数を他の決定要因との間で相関をみるために回帰分析しました。すると、普通預金金利が低下したり、株式リターンがプラスになったり、年収が増加する現象が起きたりすると、株式・株式投信比率が上昇する傾向がありました。特に年収増加の影響が大きくなっています。考えてみると当たり前の話で、投資の活性化には給料を増やすことが重要なのです。

　日本の家計は米国よりも株式・株式投信比率が低くなっています。米国では今、3割を超えています。この解説で「日本人はリスクをとらない」という説明をされますが、それは違うようです。差が大きく開いたのは1990年代以降、つまり日本でバブルが崩壊し、米国株の継続的な上昇が始まった時期と重なります。

図表13-5　資産配分や投資行動における男女の違い

	30歳未満	30〜39歳	40〜49歳	50〜59歳	60〜69歳	70〜79歳	80歳以上
定期性預金比率							
2人以上世帯	23.8	21.8	27.5	29.9	38.8	40.1	41.4
単身男	27.3	20.7	24.7	22.4	30.8	36.7	32.0
単身女	34.9	30.8	31.0	33.0	34.2	46.5	47.7
有価証券比率							
2人以上世帯	4.9	8.3	9.4	15.0	15.5	16.5	17.2
単身男	15.5	29.6	24.3	26.5	21.4	27.3	23.3
単身女	1.8	5.9	12.5	11.9	22.6	12.1	11.1
株式比率							
2人以上世帯	3.2	4.8	5.4	8.9	7.5	8.2	9.1
単身男	10.2	23.5	14.4	16.2	8.6	16.1	14.3
単身女	1.2	2.2	5.2	4.4	9.3	4.4	4.8
債券比率							
2人以上世帯	0.1	0.7	0.8	1.3	2.1	2.7	2.3
単身男	0.6	1.0	4.9	3.1	3.6	3.7	1.3
単身女	0.1	0.3	3.4	1.3	6.6	1.9	1.3
投信比率							
2人以上世帯	1.7	2.4	2.9	4.4	5.4	5.2	5.3
単身男	4.3	4.6	4.9	6.5	8.6	7.4	7.7
単身女	0.5	3.4	3.9	4.4	6.3	5.5	4.8

(出所) 総務省「全国家計構造調査」2019年.

　話を少し戻して、投資と年齢、そしてジェンダーの違いを考えてみましょう。図表13-5は2019年の全国家計構造調査から年代別、世帯別の貯蓄に占める定期性預金比率、有価証券比率、そして有価証券の中の株と債券と投信の比率を示しています。男性のほうが、女性に比べて年齢層にかかわらず、株式投資の比率が高い傾向があります。ただし、60歳代の女性はなぜか投資に積極的です。

　海外では男女の投資行動に関する研究がかなり行われていて、心理学などからのアプローチがありますが、日本ではそういう研究はあまり行われていません。男性のほうが自信過剰であるために株式投資が好きなのですが、余

計な取引をして頻繁に売買しパフォーマンスを劣化させているという研究が数多く出ています。例えば、バーバーとオディーンによる "Boys will be boys: Gender, overconfidence, and common stock investment"（「男の子は男の子のまま」）という印象的なタイトルの論文がよく知られています。

　経験的にいって、投資を頻繁に動かすと手数料もかかります。マネー雑誌などで以前から「ほったらかし投資」といって、静かにインデックス・ファンドを積み立てる投資を推奨する方法があります。それも一理あるわけです。そして実際に投資をするときは自分が自信過剰になり余計なことをしていないか、男女問わず認識しておくといいかもしれません。そしてまだ資産運用の世界に女性は少ないので、ぜひ女性に活躍していただきたいと思います。

　このように投資と人間の関係を調べると、人間は複雑な行動をしているように感じます。したがって証券投資の理論を家計の資産運用、プロの投資運用に完全に落とし込めないのです。解説だけが増えていきますが、どれもしっくりきません。自分がこの問題をどのように解釈するかを常に考えることになります。

　また投資の世界はグローバルになっていますし、情報も報道レベルのものを簡単に集められるようになりました。みなさんも自分で考え、金融、投資の世界に向き合っていただきたいです。どのような道を歩まれても、必ず考えなければいけない世界です。

質疑
応答

問・男女の資産配分の違いは、本当に男女差でしょうか。学歴や収入といった属性が含まれているということはないでしょうか。

竹崎・今回解説した全国家計構造調査では、家計の属性（2人以上世帯、男女別単身世帯）と年齢層の関係です。そのため、そうした

疑問は出てくると思います。補足すると、この全国家計構造調査の前は、全国消費実態調査があり、5年おきに行われていましたが、過去のデータをみても、同じような傾向です。ただ、個票から直接的に統計処理した分析ではないので、質問に対して正確な回答を行うのは、難しいです。海外の論文をみると、統計分析のなかで、そうした属性要因を除いても男女で差が出ているという分析は多くあるので、やはり差はあるのではないかと考えています。

第14章

投資信託

藤沢 久美

●「社会を変えるツール」投資信託

　今回の講義では投資信託をテーマに話します。投資信託が日本と世界の経済のなかでどのような役割を果たすべきなのか、ビジネスとしてどのような成長の可能性があるのか、そして世の中にどんな影響を与えられるのか、投資家はそれを使うことでどんな利益を得られるのか。こうしたことを常に考えながら講義を聴き、自分ならどう考え、どう行動するかを考えてみてください。

　私が投資信託に強い魅力を感じているのは、個人が社会を変えることができる有効な道具であるからです。1人の力だけでは、何を叫ぼうと、どんな行動をしようと、世の中が動くことはほとんどありません。私も20代の頃は「私なんか社会に出ても世界は変わらない。だから何もしなくてもいいんじゃないか」と思ったこともありました。ですが投資信託と出会ったことで、その考えが変わりました。

　私は運用会社に入社して社会人としてのキャリアを歩み始めました。そこで日本から香港株に投資をする投資信託を作ったのです。1口1万円から投資できる商品でしたが、多くの人が投資をすることで、資産は数百億円となりました。そんな日本の投資家のお金が香港株に投資されるという情報は、

香港の金融界で注目されました。運用が始まる前から、日本からの投資に期待した香港株の売買が積極化し、香港の株価が動きました。一人ひとりの投資金額は少額であっても、それが集まれば巨額になり、その資金と意思の集積によって社会が動いたのです。私にとって印象に残る経験でした。

　一人ひとりは微々たる力しか持ちません。しかし同じ志の力を集める仕組みを作れば、世の中に影響を与えることができるのです。投資信託は、お金の力を集め、社会を動かす道具になります。上手に活用すれば出資者に利益がもたらされます。そして社会を良い方向に変えられるかもしれません。こうした意義を持つ投資信託が、うまく活用されるような世の中になってほしいと願っています。

　最近、COP26（国連気候変動枠組条約第26回締約国会議）など世界で地球の温暖化に対応する動きが出ています。投資信託を運用する人たちもこの議論に加わるなど、ここ数年、ファンドを運用する人たちの社会的役割が広がっていることに注目しています。2021年、英国のグラスゴーで開催されたCOP26で、脱炭素への取り組みの有無をみてインベスト（投資）するか、ダイベスト（撤退）するかを決定するということが決まりました。これは大きなインパクトであり、ゲームチェンジャーになると思います。機関投資家は当然のことですが、個人投資家も投資するファンドを選ぶとき、そのファンドはどういう方針で運用しているのかといった点をチェックしてファンドを選ぶことによって、世の中を変える力を持つことにつながると思います。投資家と投資信託が目標を共有して、世界の課題解決に役に立つ時代にいよいよ突入したのです。

● 投信にはさまざまな種類がある

　それでは投資信託の特徴を順に説明します。投資信託はファンドと呼ばれるものの1つです。ファンドとは、お金を集めてそれを投資する仕組みです。これまでコンサート、絵画取引、映画などへ投資するファンドが作られた例がありました。ここで説明する投資信託は主に株や債券に投資を行う商

図表14-1 投資信託の一生

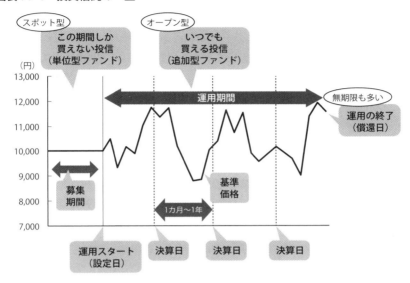

品です。2007年から施行されている金融商品取引法では「集団投資スキーム」と呼ばれ、各種ファンドを一括したルールが整備されました。

　では、投資家はなぜ投資信託を使うのでしょうか。一言でいえば「アウトソーシング」のためです。私たちは誰でも、自ら株を買えます。しかし、平均して数十万円というまとまった金額がなければ投資できません。また、仕事をしている人が日中開いている株式市場をチェックしたり、買い時や売り時を見極めたり、投資対象を調査する時間はないでしょう。そうした行為を手数料を支払ってプロに委ねるのが、投資信託です。投資信託は頻繁に売買をする商品ではなく、基本的には中長期、つまり5年や10年以上の年数をかけて運用し、利益を得るための金融商品です。

　図表14-1は「投資信託の一生」です。投資信託には「募集期間」と「運用期間」があります。事前にお金を集める期間が募集期間です。運用をスタートする「設定日」から、運用を終了する「償還日」までを運用期間とい

います。

　販売方法によって「スポット型」と「オープン型」に分類できます。スポット型とは、「単位型ファンド」とも呼ばれ、募集期間にしか購入できない投資信託です。一方でオープン型とは「追加型ファンド」とも呼ばれ、いつでも購入できるタイプで、年金やNISAなどの投資対象になります。一方、スポット型は運用期間が短く、1年、長くて6年程度です。オープン型は7年以上のものが多く、10年間や無期限の商品が主流です。一般向けのファンドの大半がオープン型です。

　スポット型は、安全性を重視しながら、預金＋アルファの利益を求める大口資産家向けに作られる傾向があります。投資対象も、債券とデリバティブなどを利用してリスクを管理して、一定期間内に目的となる利益を確実に出すことを目標にするものが多いです。

　ファンドの価値を示す基準価額は、ファンドが保有している銘柄の終値に基づいて毎日更新され、新聞紙面などに掲載されます。

● 収益構造が生む販売と運用の利害不一致

　次に、投資信託をビジネスの観点からみていきましょう。

　投資信託では基本的には3つのプレイヤーがいます。図表14-2にそれを示しました。第1に販売会社です。投資信託を販売する証券会社、銀行、保険会社などがそれに当たります。第2に投資信託会社です。投資家のお金を株式や債券に投資する判断を行う会社で、運用会社とも呼びます。法律で義務づけられている、資産の分離保管先となるのが、第3のプレイヤー、受託会社である信託銀行です。

　図表14-3はそれらのプレイヤーの収益構造を示したものです。投資家が支払う手数料は2種類あります。1つは「販売手数料」です。株式ファンドの場合の手数料は、2〜3％であり、全額販売会社の収入となります。現在はノーロード（手数料なし）の商品もあります。米国と日本の投資信託を比べると、手数料は平均的に日本のほうが高いのですが、米国の場合は手数料

図表14-2 投資信託の仕組み

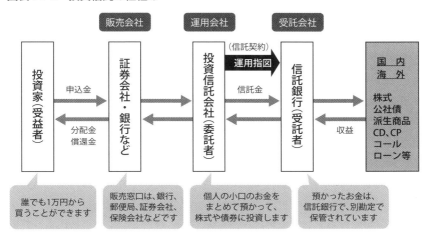

（出所）投資信託協会ホームページより筆者作成.

図表14-3 投資信託の収益構造

収益源	概要	販売会社	運用会社	受託会社
販売手数料	ノーロード 0% 債券ファンド 1% 株式ファンド 2～3%	全額収入	なし	なし
信託報酬 （アドバイザリーフィーを含む）	0.7～2.5%	①受託会社分を差し引いたものの50% ②純資産増加に応じて、運用会社との取分変更	①受託会社分を差し引いたものの50% ②純資産増加に応じて、運用会社との取分変更	0.1%程度

の分布が「ふたこぶらくだ」の形をしており、ノーロードの投資信託の数が多い一方で、5％前後のものも数多くあります。日本はノーロードの数が少なく、2～3％の投資信託が中心であるため平均値が高くなっています。米

国では投信ビジネスが進んでおり、「自分で判断するからゼロでいい」という投資家と、手数料を支払っても「アドバイスがほしい」という投資家に分かれているのです。

　もう1つの手数料が「信託報酬」という運用の委託や保管、情報提供などに対する運用期間中の手数料です。年間で0.7～2.5％が、ファンドの資産から日割りで差し引かれます。信託報酬は3つのプレイヤーで分け合います。信託報酬のうち0.1％程度を受託会社が受け取り、残りを運用会社と販売会社が折半する形が大半です。

　販売会社と運用会社の力関係を考えると、日本では販売会社のほうが強い傾向があります。運用会社の多くが銀行や証券会社の系列であることも一因かもしれませんが、投信の売れ行きは、投信自体の運用成績に加えて販売会社の営業力で左右されるため、運用資産が増えるほど、販売会社の信託報酬の取り分比率が高くなる仕組みの投資信託が目立ちます。

　さて、それでは、販売会社と運用会社のそれぞれの立場に立って、最も収入が多くなる方法を考えてみてください。販売会社の立場ならば、年間での収入となる信託報酬より、売買回数に応じて得られる販売手数料のほうが効率的に収益になり、投資家が投資信託を長期保有するよりも何度も売買するほうが収入は高まります。しかし、現実には、何度も投資家に売買を推奨する「回転売買」は、業界の自主ルールで禁止されています。投信の平均保有期間も少しずつ長くなってきています。しかし、金融庁のレポートでは、3年弱とまだまだ長期とはいえません（図表14-4）。

　一方、運用会社は信託報酬しか収入がありませんし、良好な運用成績を実現するためにも投資家に長期保有してもらい、安定した運用資産を前提に運用に取り組むことが理想です。

　こうした手数料構造による、販売会社と運用会社の収益獲得の源泉の差異を知っておくことは、とても重要です。

図表14-4 投資信託の平均保有期間

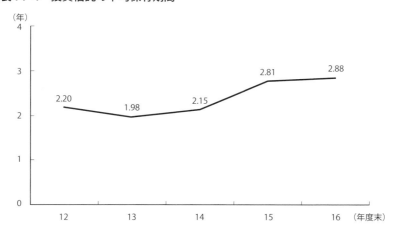

（出所）投資信託協会より，金融庁作成.

● 投資家が幸せになる方法を考えよう

　この収益構造は投資家にも影響を与えます。投資信託の利用方法で、一番適切である方法をみなさんはご存知でしょうか。どの専門家も推奨しているのが「積み立て法」です。長期的な経済成長に連動して価値が向上する投資対象を、毎月コツコツと定額を積み立てていく方法です。適切な売り時、買い時は誰にもわかりませんし、タイミングを考えているうちに、投資する機会を逸してしまう人も少なくありません。少額ずつ積み立てて、タイミングと投資額を分散させれば、リスクを抑えることができます。

　最近は、インターネット販売を利用して、ノーロードの株式投信の積み立てをする20～30代の投資家が増えていますが、全体としてはまだまだ積み立てを積極的に推奨している販売会社は多くありません。それはなぜでしょうか。積み立てでは、月々の投資額は少額ですから、販売手数料も少額になりますし、手間がかかります。販売会社にとっては、一度にまとまった金額

で購入してもらったほうが、効率的なのです。

　こんなところにも、投資家と業界の間に、微妙な利害関係の違いがみてとれるのです。すべてのビジネスにおいてこうした課題は存在するものです。関係するすべての人が、利益を分け合える形になれば、持続可能なビジネスとなり、成功に結び付きます。投資信託に関係するすべての人を満足させる方法を、みなさんもぜひ考えてください。

● 投信の種類は無限で選択が困難

　投資信託の魅力の１つに、さまざまな投資テーマが設定できるという点があります。投資対象地域も、日本だけではなく、米国、欧州、さらに中国やインド、アラブ諸国など、さまざまな国に投資するものがあります。投資対象商品も、株式、債券、コモディティ、不動産などがあります。デリバティブを使う物もあります。こうした組み合わせは無限といっていいほどあるのです。

　投資信託協会によれば、日本で公募形式で不特定多数の人々に販売されている投資信託の数は2021年２月時点で約5960本もあります。投資家の立場に立った場合に、「5960」という数に何を感じますか。「こんなにたくさんあったら選べない」と思うに違いありません。これらを選別するのを手伝う職業もあります。ファイナンシャルプランナー（FP）です。FPは、投資信託選びに加えて、顧客のお金の面からの人生設計のアドバイスもします。ですが日本では独立したFPの数はかなり少なく、大半が証券会社や金融機関などに属しています。日本では知恵にお金を支払う文化がないことが一因なのでしょう。

　投資信託の数が多いことは、投資家にとっては選択の幅が広がるととらえることもできますが、課題もあります。販売会社の立場で考えると、販売担当者は、顧客に説明するために幅広い知識が求められ、販売員教育、社内体制の整備が必要です。運用会社の立場ではどうでしょうか。多種多様な運用の専門家を雇用する必要があり、コストがかかります。ですから、運用会社

もあらゆる投信をそろえる「デパート型」と、専門領域に特化した「ブティック型」に分かれつつあります。

理屈だけでは動かない投信販売

　次に運用の方法、さらに分配の方法についても説明していきましょう。投資手法には「アクティブ」「パッシブ」の2種類があります。アクティブの場合は指標となるベンチマークを設定して、それを上回る運用成果を達成しようとするものです。パッシブとは、別名「インデックス・ファンド」で、市場の平均値を表した指標、日本株でいうなら日経225やTOPIX、米国ではS&P500などの指標と同じ値動きをするように運用をします。

　1年間だけ比較すると、インデックス・ファンドよりアクティブ・ファンドのほうがいい成績を出すものが多いですが、5年経つと、多くのアクティブ・ファンドが、インデックス・ファンド以下の運用成績となり、10年後には、インデックスに勝っているアクティブ・ファンドの数は1割以下になります。信託報酬や株などの売買手数料などファンドが支払うコストがインデックス・ファンドよりアクティブ・ファンドのほうが割高であるのが、その一因です。

　ところが、現実にはアクティブ・ファンドのほうが圧倒的に多く売れています。理由は、販売会社にとっては手数料も信託報酬も高いため、販売するインセンティブがあることと、目新しいものを好む投資家のニーズがあります。こうした背景が、日本の投資信託の数の多さにつながっています。金融庁の調査（2016年11月）では、アクティブ・ファンドのうち、10年間の運用でインデックス（ベンチマーク）より高い成績をあげているファンドは少数派で、下回っているファンドが70％を占めています。市場金利よりも高い信託報酬を負担しながら、これを毎年カバーできるようなパフォーマンスをあげるのは容易なことではないという事情もあります。こうした運用成績やコストなどファンドの情報開示が進むなか、日米でインデックス・ファンドの投資額が増えています。

分配方針でも投資信託を分類できます。分配金を支払うタイミングによる「毎月分配型」、「隔月分配型」、「年１回分配型」などに加え、分配金の支払い方法による「分配金払い出し型」と「分配金再投資型」があります。

　分配金は課税されるため、投資効率性から考えると、支払い回数を最小限に抑え、資金を運用に回しておくことが投資家にとって有利であるといえるのですが、日本では毎月分配型の投資信託が人気です。この種の商品を買う人の多くが、年金生活者、シニア層の人たちです。また、彼らは投資経験の少ない人たちでもあります。経験が少ないと、投資に対してとても不安を感じます。日本には、「株を怖いもの」とする文化もまだありますから、なおさらです。ところが、分配金が毎月支払われることで、運用が確かに行われているという安心感を実感でき、不安が和らぐのです。こうした投資家の多くは、値上がり益の追求よりも、低金利の預金の代替品を求めて投資信託を買っています。

　毎月分配型の販売が始まったとき、運用のプロの間では「売れるはずがない」といわれていました。ところが大ヒット商品になり、今では投資信託業界を支えるほどの商品になっています。不特定多数の人にモノを販売する際には、心理的な要素は大変大きいのです。「プロから見ていいものは売れる」とは限りません。理論や効率性だけで人の心は動かないのです。命の次に大切なものはお金ですから、投資家の心理に安心感を与えないものは売れません。日本では、こうした心理面からの金融マーケティングの取り組みが遅れているように思います。これからの投資信託業界の発展にとって、重要な課題の１つです。

● 矛盾を解決するのは新しい担い手たち

　投資信託の特徴とビジネスの姿を述べてきましたが、投資家と業界の利害関係のバランスの難しさを感じた方がいるかもしれません。しかし、ビジネスにおいて利益を追求することは当然のことです。人が働き、顧客管理や情報開示などを行う体制には、大変なコストがかかりますし、事業を続けるた

めには、利益を確保することは当然なのです。

　昨今、SDGsの活動に参画する企業が増えていますが、国際社会では、企業は社会に貢献する活動を通じて、収益を上げることがもはや常識になりつつあります。例えば、冒頭で触れた脱炭素の動きでも、欧米ではこの流れに加わることで、企業は収益を上げられるという認識です。投資信託業界も、気候変動への取り組みや国民の将来不安を低減するための資産運用手段の提供など、さまざまな社会課題を踏まえた商品やサービスを生み出すことが求められます。

　こうした社会の課題に高い興味を持つ若い世代には、大いに期待をしています。しかも、コロナ禍には、20代や30代のNISAやつみたてNISAなどへの興味が高まっています。長い歴史を持つ投資信託の世界に若い世代が参画し、未来志向の発想で投資信託というビジネスをアップデートしてもらいたいと願っています。

質疑
応答

問・証券会社に口座を開いてみたら、資金の出し入れがすごく簡単にできたので、これから銀行はどうやってビジネスをしていくのか疑問に感じました。

藤沢・確かに銀行はすごく悩んでいます。個人向けのビジネスはコストがかかるので、銀行にしかできない部分のみを銀行が担い、それ以外の顧客が直に接するインタラクションなどの部分はスタートアップ企業に任せようという動きが出ています。これから大きく変わると思います。銀行の将来を見通すには、欧米のスマホ専業銀行に加え、インドやバングラデシュの個人金融ビジネスで何が起きているかが参考になると思います。

第**15**章

ETF（上場投資信託）

川井 洋毅

● ETF（上場投資信託）の特徴
──仕組み・他の金融商品との比較・上場商品等

　ETF（Exchange Traded Fund：上場投資信託）はユニークな金融商品で、投資信託と上場株式の両方の特徴を併せ持っています。また、日本銀行の金融政策の手段としても注目されている商品です。

　まず、ETFの特徴について説明します。ETFは投資信託の一種でありながら、投資信託と株式投資の「いいとこどり」ができる特徴を持った商品です。投資対象となる指数を定め、その指数に連動するように運用されるインデックス・ファンドであり、アクティブ・ファンドに対してパッシブ・ファンドという言い方もされます。2022年4月時点で、東証には約200銘柄のETFが上場されており、TOPIXなどの日本株の主要な株価指数だけではなく、不動産・外国株・債券・コモディティなどのさまざまなアセットクラスへ投資をするための商品が存在しています。

　ETFと公募投資信託（公募投信）を比較してみましょう（図表15-1）。公募投信は、証券会社や銀行などの販売会社が決める日・時間でしか取引はできませんが、ETFは普通の株式と同じように取引所で、いつでも売買できます。取引の値段については、公募投信では商品が保有する純資産額から算出

図表15–1　ETFと公募投信の違い

	投資信託（公募投信）	ETF	ポイント
取引時間	証券会社が決める時間内 （1日1回）	取引所立会時間内 （リアルタイム）	
取引の値段	当日の基準価額 （申込み時点では未定）	市場価格 （リアルタイムで変動）	
注文方法	市場で発注不可能 （基準価額で購入・換金）	市場で指値・成行で発注	➡ 株式と同様
信用取引	不可能	可能	
取得場所	特定の取扱証券会社、 銀行	証券会社	
取得時コスト	販売・解約手数料 （ファンド・販売会社 により異なる）	売買手数料 （証券会社により異なる）	
解約時コスト			
商品ラインナップ	インデックス・ファンド アクティブ・ファンド （5000本以上）	インデックス・ファンド （200銘柄以上）	
信託報酬	全銘柄平均　年1.01%※	全銘柄平均　年0.32%	➡ よりリーズナブル

(注)　※「投資信託の主要統計」投資信託協会（2022年4月現在）.

された基準価額による一方、ETFは市場の時価で購入することができます。商品の数でみると、公募投信は日本で5000本以上ありますが、ETFは指標に連動して設定されるため、その指標が必要となることもあり、200銘柄程度です。

　信託報酬にも大きな差があり、公募投信では平均で年1.01%に対し、ETFでは年0.32%程度（2022年4月時点）であり、この安さは投資家にとって魅力的であると思われます。ETFは販売会社への支払いがなく、また運用に関わる人が少ないパッシブ・ファンドであることから、手数料を比較的安く抑えることができるため、長期投資に有利な商品であるといえます。

　次に、ETFの組成（商品の組み立て方）について説明します。通常の投資信託は、証券会社などの販売会社を通じて運用会社にお金を払い込み、運用会社の作るポートフォリオに基づいて株式などの金融商品を買い付けて発行されます。ETFでも同じように組成される商品もありますが、基本的には株

式のバスケット（例えば日経平均株価）などの指数を構成する株式を、証券会社がマーケットからその指数と同じ割合で買い付け、運用会社へ差し入れることで、運用会社からETFが発行されます。

価格については、通常の投資信託であれば、商品が保有する純資産を発行口数で割って算出した基準価額が唯一の価格です。一方ETFでは、基準価額に加えて市場価格がありますが、市場価格はその銘柄の需給によって決定されるため、両者がずれてしまう可能性があります。流動性が低いETFではプラスにもマイナスにも3％程度のずれが生じる場合もあります。

● 多様な商品の整備が進む

次にどのような商品が上場しているのかについて説明します。現在上場されているETFは、指数に連動することを前提として設計されています。また、投資信託法や政令で、その指数が「客観的で公正な方法で算出されていること」などETFを作る際に、さまざまな条件を課されています。

日本株に連動するETFであれば、市場全体に投資するものから、市場別・業種別・規模別・テーマ別の商品まであります。銘柄の数としては、日経平均株価やTOPIXに連動した銘柄が多く、残高や取引も多い状況にあります。

日経平均株価は225銘柄で構成され、1949年9月から単純平均によって算出されています。東証で上場している4000銘柄ほどの中から、その中で流動性、セクターのバランスに配慮し、偏りがないように選ばれています。特徴としては、単純平均であるため、株価が高い銘柄に影響されてしまいます。TOPIXは、東証1部（2021年末時点）上場銘柄すべてを対象にしています。時価総額加重平均型の株価指数であるため、株価の高い銘柄の影響を受けにくく、時価総額の大きさが反映されるため、主に機関投資家に使われています。

業種別ETFでは、TOPIXを17業種に分けた指数に連動する商品が上場されています。また、最近関心が集まっているESG投資が可能なETFもあります。ESGに関する制度整備や普及活動にあたっては、東証も市場関係者や金

融庁と協力しながら取り組んでいるところです。

　また、日本株以外にもさまざまなETFが上場されています。海外資産に投資をするETFもあり、なかには為替ヘッジ付きのものもあります。通常、海外資産を買うと管理コストや手間がかかりますが、ETFであればアセットクラス全体を指数の形で丸ごと買うことができます。そのため、これまで取り扱うことが難しかった商品にも手軽に投資ができるようになったことから、最近人気が高まっています。

　REIT（リート、不動産投資信託）に投資をするETFも上場しています。全20銘柄で純資産額は1.9兆円程度（2021年末時点）、REIT市場全体、物流等の業種別、海外不動産などのETFがあります。

　コモディティに投資をするETFもあります。金はこれまで現物取引ぐらいしか一般的な取引方法がありませんでしたが、ETFを使って日本株と同じ口座で投資をすることができるようになりました。他にも、非鉄金属・プラチナ・原油・穀物など指数に連動するETFが上場されています。

　さらに、最近上場されたETFには特定のテーマを対象にするなど新しいタイプの商品があります。例えば、ロボティクス関連事業を展開する企業、デジタル・イノベーション関連の商品やサービスを提供する企業などに投資するETFなども作られています。

　その他にもレバレッジ型・インバース型のETFがあります。上述したETFはいずれもインデックス・ファンドとして長期分散投資に適した投資信託ですが、この商品はETFの枠組みに入るものの、短期売買のためのETFといえます。対象指数の前日変化比の2倍の変化率となるファンドで、レバレッジ型（ブル型）、インバース型（ベア型）が用意されています。例えばレバレッジ2倍型の場合、TOPIXが10％上がったらその2倍の20％のリターンを得ることができ、インバース2倍型の場合は、TOPIXが10％下がったら20％のリターンを得られるというものです。このような商品は、長期にわたって保有を続けると相場変動にともなって目減りしてしまうので、投資家は短期間の保有にとどめます。ETFマーケット全体の売買代金の80％以上をレバ

レッジ型・インバース型の商品が占めていますが、一方で、かなり激しい動きをする場合があるため、投資家も商品性を十分理解して利用する必要があります。

ETF市場の概観

続いて、ETF市場の全体についてご紹介します。まず、世界のETFの純資産残高の推移についてですが、2021年末時点で、10.2兆ドル（1173兆円ほど）にまで拡大しています（図表15-2）。

日本では1995年にETF市場が設立された後、2001年に株式バスケット拠出型の本格的なETFが初めて上場され、昨年2021年に本格的なETF市場が創設されて以来20周年を迎えました。2021年末時点の残高は約60兆円ですが、年々増加を続けています。うち約50兆円が信託銀行の保有分となっており、その半分弱を日銀が保有しているとみられています。他の保有者は、都銀・地銀が30％、その他金融機関が27％と、金融機関による利用が多く、きわめて低い金利環境のなかで有効な運用先として利用されていることがうかがえます（図表15-3）。

ではなぜETFの活用が増えているのか、聞き取りなどで調査をしています。利用者によると、透明性の高さや、信託報酬の低さ、機動性・手軽さなどの回答が多く、ETFのそもそもの商品性が評価されていることがわかります。また、東証も市場の運営者として、新指数の組成や新商品の上場推進、流動性向上のための売買制度の整備など、市場活性化のための取り組みを続けてきましたが、そうした取り組みもETFの活用が増えている理由と考えられます。

東証ETF市場の流動性向上の取り組みの1つであるマーケットメイク制度について紹介します。これは投資家が売りたい値段・買いたい値段で売買ができるように、流動性を高める取り組みで、専門の業者が常に売り・買いの注文を出し続け、投資家が出した注文の相手方となって取引を成立させます。業者は、システムで理論的に計算して、多くの発注を高速で行い、市場

図表15-2　世界のETFの純資産残高

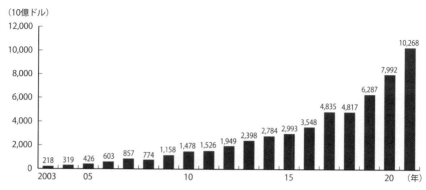

（10億ドル）

（出所）ETFGI.

図表15-3　日本のETFの純資産残高

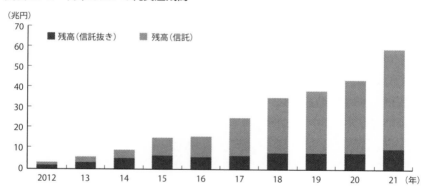

（兆円）

（出所）東京証券取引所「ETF受益者情報調査結果（2021年7月）」.
https://www.jpx.co.jp/markets/statistics-equities/examination/02.html

に流動性を供給する存在です。

　どの金融市場でも、取引は参加者によって売り、買いの値が出され、それが一致すると約定します。この売り買いの値段を「気配値」といいます。取引量が少ないと、売りと買いの気配値の差が広がり、約定しづらくなるなど

の問題が発生します。そこで業者は、高速取引によって売りと買いの注文を出し続ける一方で、約定した商品を転売したり先物でヘッジをしたりすることで、できる限り自身でリスクを抱えないようにし、投資家が適切な価格で売買できるようにしています。

こうした高速取引は、かつては規制当局や取引所に警戒されましたが、現在では一定のルールの下で行われ、また流動性供給のために非常に重要な役割を果たしています。東証には、1日7000万件程度の注文が来ますが、全取引の7割程度をこうした業者が発注しています。東証ではETF市場で流動性を供給する報酬として、所定の義務を果たした業者に取引量などに応じた報奨金を支払っています。

2018年7月の導入以来、マーケットメイク制度の効果は出ています。ジリジリとその年の後半頃から注文が増えて、現在では多くの銘柄で売買がしやすくなってきています。こうして流動性が高まったことで、機関投資家・海外投資家などのプロ投資家や個人投資家といった幅広い投資家層が、新たにETFを利用するようになったり、利用を増やしたりしています。

⬤ 日銀によるETF買い入れ──目的、買い入れ状況、今後の課題

次に日銀によるETF買い入れについて、現在（2022年1月）の状況を説明します。

日銀は金融政策の一環として日本株のETFを購入しています。「市場にお金を供給することで、市場の資金循環の改善や、予想実質金利の低下、企業の資産価格の上昇といった効果により、「物価の安定」と「金融システムの安定」を目指す」と、日銀は2013年4月の大規模な買い入れ開始、いわゆる「異次元金融緩和」の際に表明しています。

日銀はETFの買い入れを2010年から行っていました。2021年末時点で時価総額51兆円までになっています。簿価の時価評価は35兆円と推定され、現時点では利益が出ています。分配金利回りから推定すると分配金収入は年間で6000億円ぐらいになると思われます。株価が上昇した2021年4月から、

新型コロナに対する経済対策の一環として、買い入れ枠を撤廃して最大12兆円は購入すると言っています。しかし2021年は株価上昇もあってか購入額は非常に少ない状況です。間接的な保有ですが、それでも時価総額ベースで2021年末時点では市場の一部の株式の約7％を日銀が、約6％をGPIFが保有している計算になります。

　この政策には当然、メリットとデメリットがあります。以下では一般的にいわれていることを述べてみましょう。メリットとしては、相場の安定やそれによる市場参加者などへの安心感にある程度の効果があったといわれています。

　一方で、株式市場の意義として、参加者の多様な投資判断による需給で価格が形成され、投資家の行動や企業の資金調達などに反映されることにありますが、日銀による大量のETF購入は市場の価格形成メカニズムに影響を与えるという指摘や、投資家と企業の対話を通じた企業価値向上への取り組みへの影響を指摘する向きもあります。

　将来的には、日銀が大量に保有するETFの出口戦略も問題になります。出口については市場関係者などからはさまざまなアイデアが出されたりしている段階にすぎませんが、今後さまざまな議論はあると思います。

未来のETF市場──米国のETF市場と我が国への示唆

　それでは、日本のETFは今後、どうなっていくのでしょうか。ETF市場の規模が大きな米国と比較しながら課題を考えます。世界のETF残高は米国が70％を占め、欧州が16％、日本が7％です。2021年末時点で日本のETFでは250銘柄ですが、米国は2793銘柄あります。株式マーケット全体でのETFの取引は、日本は10％ほどですが、米国は市場が大きいにもかかわらず25％の取引を占めます。

　米国はこの巨大な取引量が、ETF市場拡大の好循環を生んでいます。手数料引き下げ競争を生み投資家が入りやすくなったことで使う投資家が増えたため、政府も税制優遇措置を行い、そして分業化されサービスが精緻にな

る、そうすることでより使いやすい商品となり、プロも一般の投資家もより多く利用するのです。新商品の開発も盛んで、暗号資産のETFを作る動きもあります。その結果、株式市場が活性化し、経済全体の資金循環も円滑になっています。

　また販売の手法も日米では違います。米国はIFA（独立系ファイナンシャルアドバイザー）が個人の資産形成をサポートする例が多く、その人々がETFによる投資を勧めています。日本の投資家は銀行や証券会社が勧める公募投信を購入することが多く、仲介手数料が少ないため販売会社にメリットが少ないETFは、投資家に積極的に勧められていない側面があります。

　裏を返せば、米国の進んだところを取り入れていけば、日本でETFがますます増える余地があるでしょう。私の働く東証でも、魅力的な商品の上場を推進し、流動性を向上させるなど、投資環境を整備する必要があると考えています。

問・今年（2022年）4月から東証が市場制度を変更し、プライム、スタンダード、グロースと3区分になりますが、指数はどうなるのでしょうか。

川井・TOPIXを使う金融商品が多く、国際的にみても指数の継続性は非常に重視されています。市場区分が変わってもその特長が失われないように、2025年1月まで10回に分けて変更を行い、新指数に移行する予定です。

問・実際にETFを売買する場合や銘柄を選ぶ場合に、どういう点に注意して選んだほうが良いのか教えてください。

川井・一般論で申し上げます。まずは、委託手数料を比較し、安い証券
　　　　会社が望ましいでしょう。信託報酬の安さも次に考えます。比較
　　　　的経費のかからないパッシブ・ファンドでも、少し差がありま
　　　　す。さらに同じ指数に連動するETFでも、人気を集めている銘柄
　　　　もあれば、そうではなく売買高が少ないものもあります。売買高
　　　　が少ないと、希望する価格で約定できない可能性もあります。す
　　　　べての情報は公開されているので、見比べて判断してください。
　　　　ETFは数千円から買えますので、自分で買って学ぶこともできる
　　　　でしょう。

第16章

ヘッジファンド

山内 英貴

● オルタナティブ投資とヘッジファンド

みなさんは、ヘッジファンドという言葉を聞いたことはあるけれども、具体的なイメージを持っていないのではないかと思います。私はそのヘッジファンドを作り、運用、そして経営をしてきました。

ヘッジファンドは、一般向けの販売をせず、基本的に英語しか使われない閉ざされた世界にあり、主に日本以外に本拠を置き情報開示も限定的です。今回の講義でどんなものか、手触り感を持っていただきたいと思います。

ヘッジファンドは、オルタナティブ（Alternative）投資の1つです。これは日本語にすると「代替」という意味ですが、投資の世界では2つの意味があります。1つは手法です。伝統的な資産運用では、特定のアセットクラス（投資対象）を買って、そのまま値上がりを待つ、業界用語では「ロングオンリー」という行動をします。金融資産もその行動を前提に設計されています。例えば、投資信託は株を委託資金のほぼ全部を使って、買い持ち続けることが法律や設置のときの定款で決まっています。つまりロングオンリーでの投資しかできません。

実際の投資では、さまざまな手法があります。空売り（ショート）、オプションや先物などのデリバティブを組み合わせる、現金で持って相場の変動

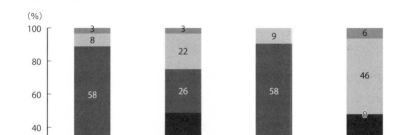

図表16-1　機関投資家のポートフォリオ

(%)

凡例: ■ 株式　■ オルタナティブ投資　■ 債券　■ 現金等

（出所）各基金等のホームページよりGCIアセット・マネジメント作成．データ時点：ハーバード大学は2017年7月1日，カルパースは2018年4月1日，カナダ公的年金は2019年3月31日，GPIFは2018年12月31日．

から逃げるなどです。そういう伝統的投資の手法以外をオルタナティブといい、ヘッジファンドはそうした運用をします。

　もう1つの意味が、伝統資産と異なる動きをする代わりの資産という意味です。プライベート・エクイティ（未公開株式）、コモディティ（実物資産）、不動産などです。このようなオルタナティブ投資を積極的に行って資産運用で成果を出したのが、米国の大学の基金です。こうした基金がヘッジファンドを含んだオルタナティブを使い、市場平均を上回る投資成果を出したのです。2000年頃から、ヘッジファンドが世界の金融界で受け入れられるようになったのは、こうした成功例があったことが一因です。

　図表16-1は公開されている機関投資家のポートフォリオを示しています。ハーバード大学の基金では、オルタナティブが58％を占めています。カルパース（カリフォルニア州職員退職年金基金）では26％、カナダ公的年金でも58％を占め、オルタナティブ投資を積極的に取り入れていることがわかり

ます。日本のGPIFでは、まだオルタナティブに積極的な配分はしていません。この時期の特徴としては、債券の比率を大きく低下させ、リターンの源泉を拡張・分散するためにオルタナティブ投資を拡大しています。長期投資において、低リスクの債券ではインフレ調整後でリターンをとれないという認識や、ポートフォリオのボラティリティ（リスク）を抑制するためにオルタナティブ投資を拡大したとみられます。そのヘッジファンドの特色は以下の4つになるでしょう。

第1に絶対リターン追求です。市場環境によらず、一定の収益を確保することを目標にします。必ず勝つとは限りませんが、伝統的資産とは別の値動きをする資産として、ポートフォリオのなかに組み入れるわけです。

第2に、機動性・柔軟性です。ロングオンリーという伝統的な運用手法だけではなく、相場の下げ局面でも売りで利益を出せるなど、さまざまな状況に耐えられる運用をします。

第3に成功報酬です。多くの場合に、ヘッジファンドでは利益が予定以上になったら、報酬が増えるなどの取り決めをしています。

第4に私募形態であることです。自由度を持った運用をするために、情報開示は限定的で、限られた投資家に投資を勧誘しています。主に機関投資家で、一般投資家の資金を募る形ではありません。

それでは、その運用の特徴をみてみましょう（図表16-2）。

年率リターンでみるとヘッジファンド指数（Eurekahedge Hedge Fund Index）のリターンはTOPIXをやや下回っていますが、とっているリスク（横軸の標準偏差で表示）の大きさを考慮するとリスクに対して高いリターンを得られていることが示されています。

資産運用の評価は難しいところがあります。結果としてリターンが高いと、誰もが評価をしてくれます。しかし、やみくもにリスクをとることは、投資家にあまり喜ばれません。また結果が出る前に、運用資産の価値が乱高下したら、投資家も運用者も困惑してしまいます。リスクを抑え、安定的にリターンを積み上げることを、賢明な投資家は狙うわけです。ヘッジファン

図表16-2　ヘッジファンドのリスクとリターン

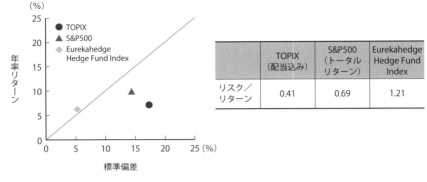

	TOPIX（配当込み）	S&P500（トータルリターン）	Eurekahedge Hedge Fund Index
リスク／リターン	0.41	0.69	1.21

（出所）BloombergのデータをもとにGCIアセット・マネジメント作成．期間：2003年3月31日から2021年10月29日まで．S&P500およびEurekahedge Hedge Fund Indexは円ヘッジベース．

ドはそうした運用の手段の1つになっています。

● ヘッジファンド運用の特徴──伝統的運用との比較

　それではヘッジファンドは、どのような運用をしているのでしょうか。ファンドごとに、さまざまな方法があります。

　多くみられる方法の1つは、投資した資金にレバレッジをかけた運用です。レバレッジとは「梃子」のことです。レポ取引（証券を条件付きで売買することを条件に借りること）、空売り、先物取引、デリバティブなどを使って、その投資資金の何倍もの取引を行うことです。かつては20〜40倍に膨らませて取引をするヘッジファンドがありましたが、ヘッジファンドの破綻が生じたために、各国で規制が強化されました。今は運用資産の半分以下のレバレッジにするところが多いようです。

　投資戦略は市場の大きなトレンドを利用するβ型と、市場の動きを可能な限り排除したα型に大別されます（図表16-3）。

　β型は市場の動きをリターンの源泉に変えます。代表的なものが、「株式ロングショート」というものです。売りと買いを組み合わせて利益を出す戦

図表16-3　ヘッジファンドの投資戦略体系

ディレクショナル(β)型	α型	
	レラティブ・バリュー型	イベントドリブン型
株式ロングショート	株式マーケット・ニュートラル	M&A裁定
グローバル・マクロ	債券裁定	資本ストラクチャー裁定
CTA／マネージド・フューチャーズ	CB裁定	ディストレスト
	信用裁定	アクティビスト

(出所) 山内英貴『オルタナティブ投資入門——ヘッジファンドのすべて（第3版）』東洋経済新報社，2013年.

略です。次に「グローバル・マクロ」というやり方があります。世界の状況を観察し、チャンスがあると思ったときには、そこに集中的にポジションを取るという戦略です。

　かつて1992年に欧州通貨危機がありました。ユーロ統合前に欧州各国の通貨の変動目標が決まりました。そこで割高になった英ポンドが集中的に売られ、暴落しました。そこで中心的な役割を果たしたのが、有名投資家のジョージ・ソロスが運営するヘッジファンドとされています。大きく市場が動いたときに、ヘッジファンドが現れることがありますが、そういうことができるファンドは本当に限られています。

　「マネージド・フューチャーズ」という戦略があります。市場には、ある状況になると、こうなる可能性が高いという現象があります。そういうルールを発見し、コンピュータを使って、機械的にその方向で投資をする運用です。

　ヘッジファンドのもう1つの戦略に、α型があります。1つが「レラティブ・バリュー（相対価値）型」です。市場では頻繁に、適正な価値よりも割

高、割安という現象が起こります。割高なものを売り、割安のものを買うことです。

「イベントドリブン型」という戦略があります。マーケットは、さまざまなイベントで動きます。自然災害や戦争、選挙から、中央銀行の金融政策など、いろいろなイベントの影響で動きます。企業活動でも、さまざまな発表で動きます。それに着目して、投資をします。M＆Aもあれば、議決権行使で企業経営に介入して、企業価値を上げようとする「もの言う投資家」のやり方もあります。

傾向としてβ型のヘッジファンドで働く人は、金融機関やアセットマネジメント会社に就職して、マーケットの仕事をやってきた人です。α型のレラティブ・バリュー型では、クオンツ（数学的に金融商品の分析や取引をする）の世界で、理工系のバックグラウンドを持っている人がその知識を駆使して活躍しています。イベントドリブン型は、投資銀行、銀行、弁護士、会計士の背景を持ち、その後に運用をしている人が目立ちます。

ここまででヘッジファンドの仕事には、さまざまな形があることを理解いただけたと思います。しかし、ヘッジファンドの問題も指摘しましょう。有名な事件を2つ紹介します。1998年のLTCMの破綻、2008年のマドフ事件です。

前者は華々しく活動していたヘッジファンドです。オプション価値の算出の基礎になっている「ブラック・ショールズモデル」を考え出したノーベル賞学者などを顧問にして、「運用のドリームチーム」などと、周囲が喧伝していました。しかし、アジアとロシアの通貨危機で相場が大きく動いたことをきっかけに、大損を出して破綻してしまいました。数十倍の巨大なレバレッジをかけていたようです。

後者はバーナード・マドフという著名なヘッジファンドの経営者が、自分のファンドの運用実績を粉飾し破綻したという事件です。マドフ氏は刑事、民事の責任を追及されました。

前者はリスク管理の失敗、後者は情報開示がしっかり行われず、詐欺が行

われました。これはヘッジファンドにつきまとう問題です。その後に各国とも規制を強化したことに加えて、機関投資家の理解も格段に向上しましたので、これほど大きな事件はもう起きないでしょうが、運用とビジネスの面でこうしたリスクは常にあるのです。

● ヘッジファンドの運用の現場から

　ここからは、私たちの運用を例に、具体的に何をしているのかについて話をします。リーマン・ショック後の10年は、世界的に株が上昇しました。コロナショックで一瞬下がったのですが高値を更新しています。日本の株もアベノミクスを背景に、円安、株高、債券高が続きました。どの国のどの伝統資産を買ったままにしても、利益が出たのです（2022年1月時点）。

　ただし、このような「市場運用黄金時代」というのは終わりつつあるように思えます。2021年後半からは、米国でインフレ懸念が出ています。米国金融当局も、金融政策を引き締め方向に変えており、インフレが経済に影響を与え始めるでしょう。

　ヘッジファンドについて投資家は、2000年頃までは高いリターンを求めて使う考えが一般的でした。近年もそうした期待が一部には残っていますが、少なくとも機関投資家の多くは、伝統的資産との低い相関、分散効果のためにポートフォリオに組み入れて、運用を委託しています。現時点で顧客と話すと、市場の先行きが不透明になるため、伝統的資産とは別の動きをする資産として、ヘッジファンドに関心を示しています。

　私たちが行っている運用について、簡単に紹介します。根っこにある考え方は「ガンマロング戦略」というものです。なじみがない言葉かもしれません。市場価格が下がっても上がっても、動きが大きいほどリターンが大きくなるポートフォリオを組むという考えです。これは、伝統的資産と異なった動きをするポートフォリオになります。一方で、相場があまり動かない場合には収益が低下してしまいます。オプションを使ってポジションを作るために、「ネガティブ・キャリー」と呼ばれる運用コストがかかってしまうためで

す。それを最小化する工夫も組み入れています。

　そうした考えに基づいた、２つの運用戦略を紹介します。１つ目は「日本ハイブリッド戦略」というものです。世界の大手銀行が発行しているハイブリッド証券、劣後債、優先証券など流動性が低くて、複雑で、リスクも普通社債よりははるかに高いものをコア資産として組み入れており、比較的高めのインカムゲインが期待できます。その下落リスクヘッジをするために、同じ発行体の普通株式のオプション、コールオプション・プットオプションを両方買い持ちしてポートフォリオにしています。

　図表16-4にあるとおりTOPIX（横軸）が10％超下落したときがありますが、その際この戦略ファンド（縦軸）は下落が抑制されています。2011年3月に東日本大震災があったときは、原発事故が発生したことで大混乱しました。ボラティリティが跳ね上がったため一時的には日本株は２桁のマイナスになる一方で、このファンドでは6.3％のプラスが出ました。これはv字型のガンマロングというポートフォリオにしていたことが幸いしました。不幸な自然災害とそれによる株価急落を予想したのではなく、ポートフォリオの特性をガンマロングにしていた結果なのです。

　もう１つが「システマティック・マクロ戦略」です。投資理論で、ポートフォリオを構築する際に、投資資産のリスクとリターンが最大になる「効率的フロンティア」が存在するという考えがあります。資産価格は毎日変動しており、効率的フロンティアを作ることは難しいのです。しかし効率的フロンティアを作って、機械的に投資をしています。世界の50資産ほどの値動きを定期的に計測し、一番安定したトレンドを持っている資産を見つけ、それをコアのポジションにして、残りの49個のマーケットのなかから１つを組み合わせた場合に、ポートとしてのシャープレシオ、リスクリターンが一番改善するのは何かを計算します。最終的には10個から12個を組み合わせてポートフォリオを組成します。そして、取引コストを抑制するために、頻繁なポジションの変更は行わずに、１カ月程度そのまま持っているという運用を行っています。

図表16-4 ヘッジファンド戦略による非対称性創出の事例

戦略AとTOPIXの月次リターン分布

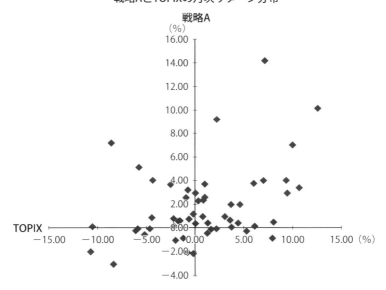

戦略A

（出所）BloombergのデータをもとにGCIアセット・マネジメント作成.

　これは、人間の常識や経験では予想のつかない状況で成果を出しました。例えば、2014年の各国中央銀行の歴史的金融緩和局面では、誰もがこれ以上の緩和はないだろうと予想しました。そのときに日本の債券買いを中心にしたポジションを維持した結果、その年は40％超のリターンが出ました。また英国のEU離脱でも、事前に英ポンド売りを中心にしたポジションを組み、年20％ほどのリターンが出ました。逆に一本調子で米国株が上昇した2017年などの成績は、ベンチマークに比べて苦戦しています。こうした確率など数理モデルに基づく機械判断による投資は、今後も増えていくでしょう。

　以上の話で、ヘッジファンドという存在に、手触り感を得てもらえると幸いです。ユニークな取り組みをする資産運用業といえるでしょう。例えるな

らば、ヘッジファンドは料理の世界のオーナーシェフ・レストランといえる
でしょう。一流ホテルや料亭であればチームで仕事をし、企業としての組織
に支援され、料理長がいなくても、一定のクオリティの料理が毎日作れま
す。ヘッジファンドは、自分の力量で勝負したいというシェフが独立して、
銀座で小さな店を開くようなイメージです。人次第の面があります。

　日本の資産運用業は、そういう選択、多様性が少ない面がありました。
ヘッジファンドは、多様な手段を提供する1つの方法です。

**問・現状オルタナティブはプロ向けの傾向が強いですが、今後もそれ
　　は強まっていくのでしょうか。また個人投資家に広げるための業
　　界での取り組みなどはありますか。**

山内・オルタナティブ資産は流動性が低いこと、オルタナティブ手法
　　　（ヘッジファンド）は運用手法が専門的で説明が容易でないこと
　　　などから、日本国内の公募投信にはなじみにくい面があり、プロ
　　　向けが中心である傾向は今後も変わらないと考えられます。一
　　　方、ヘッジファンド・インデックスや低流動性資産の値動きを定
　　　量的にモデル化して複製した、リキッド・オルタナティブという
　　　商品が開発され、リテール向けに提供される試みもあります。
　　　ポートフォリオの分散効果はプロ・アマ共通の課題ですので、リ
　　　テール向けの商品開発に向けた挑戦は続くでしょう。

第17章

REIT（リート、不動産投資信託）

榎本 英二

⬤ 不動産とアセットマネジメント

　不動産は、大事なアセットマネジメントの対象と認識されています。不動産と金融は今、密接に結びついています。今回は不動産をめぐる代表的金融商品であるREIT（リート）、そして不動産証券化の話をします。前半では投資対象としての不動産の特徴と証券化した投資商品の話を、後半では今の不動産と金融の実務での関係を説明します。

　不動産の資産運用の基本の形は、不動産そのものを管理・運用することです。アパート、土地、家などを貸して、管理することで収入を得ます。それが、他人から出資を受けて、不動産を購入し、運用するようになります。この場合のオーナーは、不動産ディベロッパーの株主などになります。これを仮に「発展その1」と呼びましょう。

　次の段階では、金融の世界が非常に発達してきて、不動産そのものから不動産の証券化されたものを対象にした運用になります。例えばここに出てくるREIT（不動産投資信託）という仕組みや不動産のファンドが、今のツールになります。「発展その2」の段階です。REITが不動産に投資をして運用するという形態もありますし、その不動産を運用しているREITをいくつかまとめて、投資する場合もあります。このようにファンドに投資をするファ

図表17-1 不動産の資金はどこから来る？

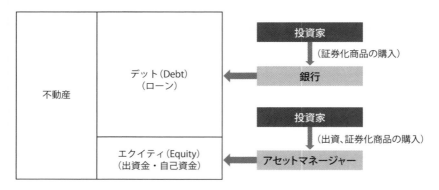

ンドを、「ファンドオブファンズ」といいます。

　それでは不動産ビジネスの資金の出し手を考えます。単純化した不動産ビジネスのバランスシートを図表17-1に示しました。バランスシートでは左に書かれた資産と、右に書かれた負債と資本の合計が一致します。左の資産の部には不動産が計上されます。右の負債の代表的なものはデット（Debt：借入金、ローン）で、銀行などから借り入れます。資本の部は、まさにエクイティ（Equity）への出資金や自己資金になります。このデットやエクイティの部分は、アレンジャーやアセットマネージャーにより証券化され、投資家（アセットオーナー）が購入しています。つまり、資金の最終的な出し手は投資家です。

　そうした投資家には、機関投資家、個人投資家に加えて、大学基金、ソブリン・ウェルス・ファンドなどが不動産の投資家として目立っています。株と違う資産として不動産を証券化した金融商品を購入するようになっています。ソブリン・ウェルス・ファンドとは政府などの公的基金で、産油国や北海油田を持つノルウェーなどが有名です。日本でも、金融機関が株や債券とは別の値動きをする商品として関心を向けて投資を増やしています。このように不動産業は投資家によって支えられています。

⬤ REITが活用され、不動産が活性化

不動産証券化された金融商品の規模をみてみましょう。

図表17-2の左の棒グラフで示したJ-REITは東京証券取引所に上場しており、自由に売買できます。2021年12月末時点で21.2兆円、上場数は2022年1月末で61銘柄あります。右の棒グラフが私募の不動産ファンドです。日本での海外、国内の私募ファンドの合計は、2021年12月末時点で、24.1兆円あります。合わせると45兆円強の規模になります。また別に私募REITがあり、2020年末に36銘柄、3.9兆円の規模です。

日本でJ-REITと呼ばれる公募REITが誕生したのは、2001年でした。大学生のみなさんが生まれる前後の時代ですが、この頃の日本は1990年前後から続いたバブル崩壊と不動産価格の下落に苦しんでいました。新しい資金を集める手段ということで、米国からREITの仕組みが持ち込まれました。私

図表17-2　私募ファンドとJ-REITの市場規模推移

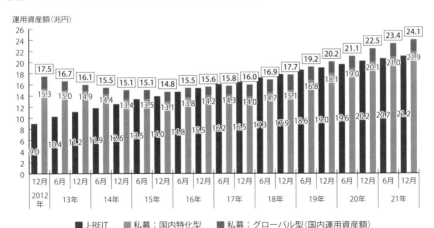

(注) 入手データの増加に伴い，過去数値の一部について再集計している.
(出所) 三井住友トラスト基礎研究所.

募REITが日本で始まったのは2010年です。2008年にはリーマン・ショックによって金融商品が軒並み暴落しました。このときに、株と一緒にJ-REITが下がってしまいました。上場しているからREITが金融市場と連動して動くという意見があったために、私募REITが出てきました。株式と違って、不動産からの配当を中心にした安定運用のためにできた商品といえます。

　全世界でみると不動産投資信託市場は171兆円（2020年3月末時点）あります。米国では108兆円の規模があります。米国では、大規模な不動産開発案件は、ほぼREITが使われています。サウジアラビアやケニアでもREITがあります。日本から離れた場所の不動産をREITの形で所有できるわけで、REITの面白さはグローバルに運用ができる点にあります。

　それでは不動産投資の形を説明してみましょう。まず「所在」として、日本か、アジアか、グローバルか。それから「種類」です。基本4セクターと呼ばれるオフィス、住宅、商業施設、物流施設があります。また新しい潮流として宿泊施設やヘルスケアと呼ばれる分野もあります。医療、病院、それから介護、スポーツクラブです。

　投資形態としては、不動産そのものに投資をするか、証券化商品、例えばREITなど証券化されているものに投資をするかに分かれます。投資のリスクという観点でいうと、所有権に直接結びついているエクイティ（資本）にするのか、不動産を担保としたデット（ローン）かで違ってきます。

　不動産投資の特性は、インカム・リターンの割合が多いということです。図表17-3の左が不動産で、薄い色が配当です。濃い色は元本を示しています。配当が結構な割合を占めているので、価格下振れリスクに耐性があります。右図の株式でも、配当を増やしてきていますが、少し前までは濃い色で示した株価の変動で得られるキャピタル・リターンが中心になっています。

金融化しても、不動産管理は大変なまま

　次に、不動産のアセットマネージャーの役割についてお話しします。不動産の証券化では、不動産を持つ投資法人（SPV，特別目的事業体）の存在が

図表17-3　不動産投資の特徴

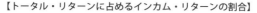

【トータル・リターンに占めるインカム・リターンの割合】

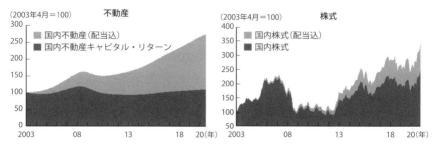

（出所）Bloomberg, AJPIのデータにもとづいて野村不動産投資顧問作成.

必要になります（図表17-4）。SPVは資産の譲渡を受けて投資家向けに証券を発行します。SPVの運用者は受託者責任を負っており、投資家のための公正義務、忠実義務や善管注意義務が課されます。投資対象については第三者による価格の妥当性を証明するために、不動産鑑定をとります。不動産鑑定士に通常より高めに評価することをお願いすると、これは典型的な利益相反取引です。ファンドマネージャーは、投資家のために忠実義務を負っているからです。

　不動産の価値を上げるにはまずキャッシュフローを上げることが第一の方法です。賃料を上げるという方法に加え、稼働率を上げる（空室を埋める）という方法もあります。また、古くなれば価値は落ちますので、いいメンテナンスが必要です。的確なリノベーションをすれば、改装前と改装後で見違えるようなビルになります。リノベーションをしたほうが、建て替えをするよりも投下資本を抑えて、家賃も上げられると考えて実行するのがアセットマネージャーの仕事です。

　投資法人の収益を上げる方法は、いろいろあります。レバレッジ（梃子）効果も、REITで使えます。100億円のビルを買う場合に、全部借金で買うかどうかで、エクイティに対する配当率やリターンが変わります。一方、ファ

図表17-4　不動産証券化の基本構造

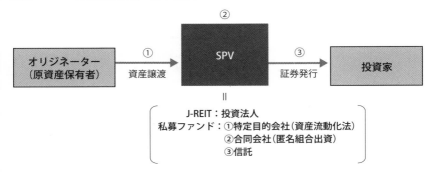

（出所）日本不動産学会編『不動産学事典』住宅新報社，2002年をもとに作成．

ンドマネージャーとしてはローンをたくさん借りるリスクも考えます。借り入れの比重を多くすればエクイティのリターンは上がりますが、リスクが発生したときの損失の谷も深くなります。投資家から預かっている資金の性格、リスク耐性を考慮することが受託者責任を果たすことにつながります。

　不動産のマネジメントビジネスには、アセットマネジメント（AM）とプロパティマネジメント（PM）があります。アセットマネジメントでは、どのような投資対象に、どういったリスク、リターンを求めて投資するかを決めてマネージしています。ですから、ポートフォリオ・マネジメントという言い方をされるときもあります。プロパティマネジメントは、まさに現物の管理です。それは3つに分かれており、狭義のPMは掃除や電球の交換から始まって、空調のメンテナンスなどの建物管理です。なかには潰れてしまう会社もありますので、テナント、賃借人が倒産した場合の法的措置、倒産法制のことも勉強しておかないといけません。

● 金融と不動産業の未来

　不動産証券化の動きには多くのプラスの面がありました。投資家からみると、投資機会が拡大し、不動産を分散投資の手段として使えるようになりま

した。不動産保有者からみると、銀行を介さずに資金が調達できるようになり、不動産を実物ではなく金融資産として運用できるようになりました。

　一方で光あれば、影の部分があります。問題点を考えてみましょう。投資家は不動産の物件を直接見ないために、リスクがわかりづらくなっています。さらに不動産保有者や不動産市場からみると、それぞれの国の不動産がグローバル金融と結びつくようになり、金融市場の動揺に左右されてしまいます。こうした問題点をできるだけ減らしていくことが課題といえるでしょう。

　不動産業は時代とともに変わり続けました。こうした社会の変化は、住む人、使う人などがさまざまな形で担うものでしょう。不動産業界にも新しい価値の提供や社会課題の解決のためにできることは多くあると自負しています。不動産と金融のつながりは、いろいろなビジネス、それによる社会課題の解決につながっています。

問・不動産の仕事が、多岐にわたることは理解しましたが、もっとも大変なところはどこですか。

榎本・不動産業と金融の双方の責任を果たす必要があります。他人のお金や資産を運用する大変さは元々不動産業にはありますが、それに加えて金融市場の制約、つまり受託者責任も、この金融化のなかで果たす必要があります。仕事では、金融や金融商品取引法の知識が必要です。ただ私は、大変だと嘆くのではなく、それが仕事に内在する重要な責任であると考えています。また、しっかり責任を果たすことで、トラブルに直面することも少なくなります。

第18章

日本の年金制度とアセットマネジメント

近藤 英男

🔵 人生に必要なお金はいくらか

　今回の講義では、前半は日本の年金制度の仕組み、後半はその実務の説明をします。

　はじめにDICを紹介します。東京証券取引所プライム市場に上場する化学メーカーで、2008年に100周年を迎え社名を大日本インキ化学工業（株）からDIC（株）に変更しました。DIC企業年金基金は、DICとそのグループ企業の企業年金で、1971年に創設されています。

　私は大学を卒業後銀行に就職し、1999年に大日本インキ化学工業に転職して企業年金の運用に携わりました。その前年の1998年に、企業年金の運用が大きな転換点を迎えました。運用規制が撤廃され、年金資産の運用が金融市場で自由になり、各基金の能力が試されるようになったのです。

　年金を考える際には、人生とお金の関係を考えなければなりません。ここで学ぶ学生のみなさんは、まもなく社会人になります。それは「経済的に自立する」、つまり自分で働いてお金を稼ぎ、そのお金で生活することです。ですから稼ぐ力の幹を大きく育てましょう。会社員の生涯年収は3億円といわれますが、努力次第ではもっと大きくなります。そして稼いだお金の一部で、金融資産を作ります。運用が成功すれば、余裕が増えます。

これからの人生でどれだけお金が必要になるのでしょうか。住宅、子どもの教育、老後の資金は人生の3大費用といわれます。結婚雑誌の調査によると、首都圏で結婚式の費用は約378万円、新生活にかかる準備は約59万円です（2019年）。国土交通省の住宅市場動向調査によれば、分譲住宅の全国購入資金総額の平均は3597万円（2012年）。教育資金では、幼稚園入園から高校卒業までの学費総額は、すべて公立の場合は約540万円、すべて私立の場合は約1770万円です（文部科学省「平成28年度子供の学習費調査の結果について」）。大学4年間の学費は国立約237万円、私立約524万円です（独立行政法人日本学生支援機構「令和2年度学生生活調査」）。

　また老後費用では夫婦2人世帯の場合、最低日常生活費は1ヵ月あたり約26万円（総務省統計局「家計調査年報（家計収支編）2020年（令和2年）」）で、ゆとりのある生活を送るには、平均生活費は1ヵ月あたり約36.1万円（生命保険文化センター「令和元年度生活保障調査」）となります。65歳から95歳まで夫婦で暮らすと仮定すると最低でも約9400万円かかり、公的年金などを考えると不足分は約1700万円になります。またゆとりのある生活を送ろうとすると約1億3000万円かかり、約5300万円不足します。

　生きるためには大変なお金がかかり、老後は年金制度が必要になることがわかります。社会人になると加入する社会保障制度は生活保障を行う公的な仕組みで、年金制度は所得保障の中心的な役割を果たしています。

● 日本の年金制度と企業年金

　さて、本題に入って日本の年金制度のポイントをみてみます（図表18-1）。

　日本の年金制度は3階建ての制度です。1階部分は公的年金で国民共通の国民年金、2階部分も公的年金で会社員と公務員が加入する厚生年金となります。厚生年金は国民年金に上乗せされる年金です。国民年金には6746万人、厚生年金には4428万人が加入しています（平成30年度末現在）。国民年金には3つの区分があり、自営業者、家事を専業とする人も加入します。

　公的年金は、1942年の労働者年金保険が起点となっています。公的年金

図表 18-1 日本の年金制度

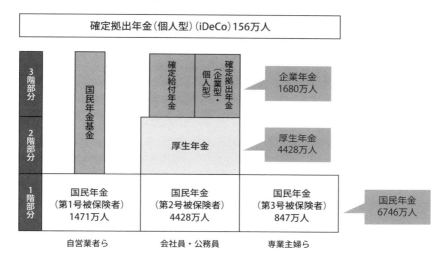

は、保険料の支払いを条件に給付が受けられる「社会保険方式」で運営されています。この方式のメリットは、保険料を払っていれば所得や資産の制限を受けずに年金を受給できることです。国民年金は20歳から59歳までの国民に、加入義務があります。

　厚生年金は労働時間が週20時間以上で、賃金が支払われる人が加入します。保険料は月給の18.3％、その半分を会社が負担します。年金額は収入と連動するので、高い収入で長く勤めるほど年金が増えます。保険料は賃金、残業代、通勤手当、ボーナスなどの総報酬に保険料率をかけたものですが、実務的には標準報酬という32段階の所得区分の保険料が設定されています。

　基礎年金は65歳以上であることを条件に給付される終身年金です。受給開始年齢を繰り上げて60歳から受給する、あるいは繰り下げて65歳以降に受給することが可能です。保険料を40年間納めた場合に受け取れる満額の年金は年額78万1700円（2020年度）です。基礎年金を受給するには25年以上の受給資格期間が必要です。2017年からは10年でも支払われるようにな

りましたが、この場合は減額されます。

　厚生年金の支給は65歳からとなります。65歳以降に繰り下げて受給することも可能で、その場合は増額されます。厚生年金額は現役時代の平均賃金の22％です。これに基礎年金の給付額を加えたモデル世帯（夫婦2人）の年金は月額22万724円（2020年度）となっています。また公的年金には、老齢給付以外にも障害給付、遺族給付があり、社会のセーフティネットの仕組みを果たしています。

　少子高齢化が進むなかで、将来の持続可能性への懸念があるために制度改正も行われています。2009年以降、基礎年金国庫負担の割合が2分の1へ引き上げられました。これは消費税の増税で財源が確保されています。そして財源の範囲内で給付水準を自動調整する仕組み、すなわちマクロ経済スライドが導入され、現役世代の人口減少に合わせて、年金の給付金を調整することになりました。

　年金は5年ごとに年金財政の健全性を検証しています。少子高齢化の歯止めや経済成長が高まれば状況は好転します。厚生年金保険料は18.3％で固定されているので、給付を充実させるには経済成長による賃金上昇、就業者の増加、厚生年金の適用拡大など、総報酬を大きくすることをめざす必要があります。

　年金制度で3階部分となるのが企業年金です。企業年金には、約1680万人が加入しています。自営業者等（ただし、農業者年金基金の被保険者の方や国民年金の保険料を免除されている方を除く）に向けた、自分で拠出・運用する私的年金の個人型確定拠出年金（iDeCo）もあり、最近では、企業年金のある会社員や家事を専業とする人にも適用拡大となり、156万人が加入する私的年金制度となっています。

　企業年金には2つの仕組みがあります。1つは確定給付年金（DB：Defined Benefit Plan）で、これは給付額を確定し、運用内容の決定は企業年金基金と事業主や従業員で行います。もう1つは確定拠出年金（DC：Defined Contribution Plan）です。DCには企業型と個人型があり、運用の責任は個人

が負います。年金給付額は、運用成果次第で変動します。

企業としては、拠出額が一定のほうが会計上良いのですが、併用している企業もあります。2020年3月末現在、確定給付型は受託件数1万2587件、資産残高74兆5326億円、確定拠出型が同6381件、同13兆5215億円となっています。

企業年金には、終身年金の場合もあれば、有期の年金の場合もあります。自分が関係する企業年金の仕組みを、よく知るべきでしょう。

● 企業年金運用の実務

公的年金の意味は「長生きリスクに備える保険」であることを忘れてはなりません。そして、人生には予想できないことが次々と起こります。制度や仕組みなどが整備され、老後資金の設計をする際の選択肢も増えています。NISAやiDeCoなどの投資優遇制度も、金融庁、厚生労働省の下で少しずつ増えています。なるべく長く就労し年金受給の繰り下げを組み合わせて、年金受取額を増やすことも考えるべきでしょう。

退職後は現金収入が減り、個人の金融資産から蓄えを引き出すことが必要になります。余裕が少なく、預金を引き出すだけでは、資産枯渇のリスクがあります。インフレにも目を向ける必要があります。公的年金は物価ほどには増えないので、運用することが必要になります。

DC運用で興味深い点があります。運営管理機関連絡協議会の資料によれば、20歳から29歳までの運用商品の配分割合が預貯金55.9%、保険15.6%となっています。また他の世代でも、預貯金が4割、保険が2割弱です。安全第一に考えているのでしょうが、せっかくの機会や時間があるのに、運用をしないのはとてももったいないことです。日本人の投資の発想が広がることを期待しています。

日本の企業年金はここ数年の間で、目標リターンを2%に引き下げております。母体企業が本業以外でのリスクを抑えたいと考えていることが背景にあります。そのため、株式への配分は22%と、20年前の53%の配分と比べ

図表18-2　企業年金の資産構成割合

資産構成割合

(%)

	伝統的資産					オルタナティブ資産		短期資産
	国内債券	国内株式	外国債券	外国株式	一般勘定	ヘッジファンド	その他資産	短期資産
2019年度	23.3	9.00	17.3	12.2	17.9	4.9	10.1	5.3

（出所）企業年金連合会.

企業年金の政策アセットミックス平均

(%)

	伝統的資産					オルタナティブ資産・キャッシュ等
	国内債券	国内株式	外国債券	外国株式	一般勘定	
2000年	31	33	7	20	7	3
2010年(注1)	32	18	15	17	10	10
2020年(注2)	16	8	23	14	16	23

（注1）株式から債券・オルタナティブにシフト（世界金融危機を経験して）.
（注2）安全資産の分散拡張と株式からオルタナティブにシフト（日銀マイナス金利を導入）.
（出所）三井住友信託銀行. 政策アセットミックス平均：2000年は厚生年金基金平均（R&I集計），2010年・2020年は全制度平均（グリニッチ・アソシエイツ集計）を使用.

ると、半分以下に減少し、国内債券利回りが0％となるなかで国内債券の配分が減少して、その分外国債券が増えております（図表18-2）。外国債券でも利回りが低い状況に変わりはないので、最近ではインフラ資産への投資、不動産への投資、ダイレクトレンディングという中堅企業向けの貸し出しを増やして利回りを稼ぐオルタナティブ資産への投資が増加しています。

　現在は金利0％の時代です。預貯金や、保険などの元本保証型商品に投資しても、元本の成長は期待できません。マジックナンバー72の法則というのがあります。投資元本が2倍になるための期間を簡単に計算できます。投資商品の利回りが3％であれば72を3で割って24、すなわち24年で元本が2倍になります。年4％であれば72を4で割って18年となります。投資商品の利回りを年0.1％とすると一生かけても2倍になることはありません。

● DIC企業年金基金

　私たちのDIC企業年金基金の運用を紹介します。2004年に制度変更し、企業年金基金となりました。退職金を100％年金化し、終身年金と有期年金の２種類の企業年金を提供します。2014年には、有期年金の一部を企業型DCに変えました。企業年金としての成熟度が高まっていることから、年金の運用では、負けない運用をめざすことにしております。資産の保全に努めて、給付の支払いを確実に行うと同時に、将来の受給者のために、資産を大きく成長させます。

　この２つの目的を達成するための枠組みを作り、ポートフォリオ全体の下落リスクを抑えた運用を行います（図表18-3）。基本ポートフォリオでは、

図表18-3　分散投資を拡張するポートフォリオ運営

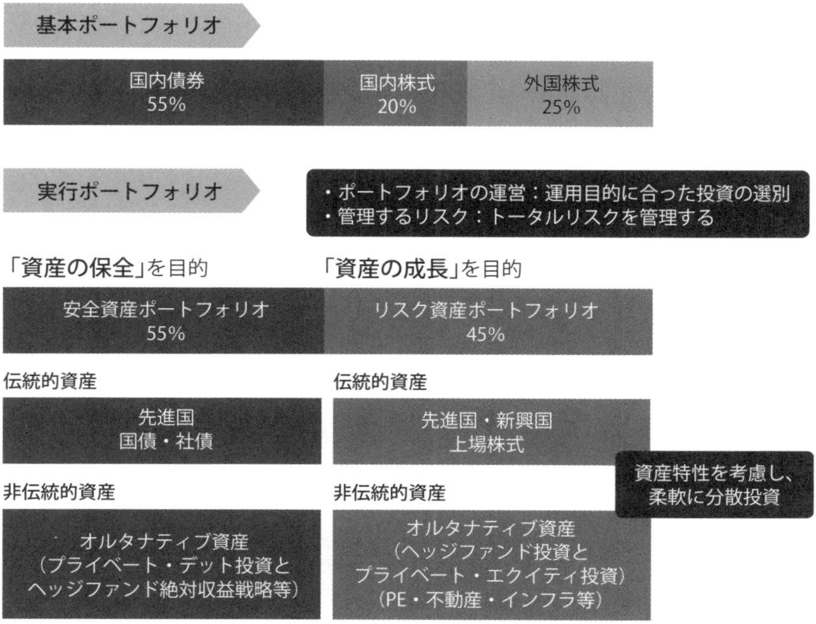

> **基本ポートフォリオ**
>
> | 国内債券 55% | 国内株式 20% | 外国株式 25% |
>
> **実行ポートフォリオ**
> - ポートフォリオの運営：運用目的に合った投資の選別
> - 管理するリスク：トータルリスクを管理する
>
> 「資産の保全」を目的 ／ 「資産の成長」を目的
>
> | 安全資産ポートフォリオ 55% | リスク資産ポートフォリオ 45% |
>
> 伝統的資産 ／ 伝統的資産
>
> | 先進国 国債・社債 | 先進国・新興国 上場株式 |
>
> 非伝統的資産 ／ 非伝統的資産
>
> | オルタナティブ資産（プライベート・デット投資とヘッジファンド絶対収益戦略等） | オルタナティブ資産（ヘッジファンド投資とプライベート・エクイティ投資）（PE・不動産・インフラ等） |
>
> 資産特性を考慮し、柔軟に分散投資

リターン目標とリスク目標を決めて資産配分方針を作ります。次に実行ポートフォリオに移って、運用目的に沿った形に変換して、安全資産ポートフォリオ55％、リスク資産ポートフォリオ45％とします。それぞれのポートフォリオのなかでは、株や債券の伝統的資産と非伝統的資産（伝統的でないもの）、どちらの資産にも投資します。外国債券は、為替ヘッジをしているため、国内債券と同じ扱いにしています。このポートフォリオ構築方法は、2004年以来続けています。

　安全資産ポートフォリオでは年金の給付を確実に行うため、リスクの低い資産に投資をし、特に歴史的な低金利環境が続いているので、インカム収益の獲得に努めております。国債や社債、プライベート・デット投資、ヘッジファンドへの投資を行います。

　リスク資産ポートフォリオでは、将来の受給者のために、年金資産の成長をめざした運用を行います。先進国や新興国の上場株式への投資、さらにはプライベート・エクイティや不動産・インフラなどの実物資産への投資といった形で、投資の分散を拡張した運用を行っております。

　その結果を図表18-4に示しました。2003年4月から、2021年11月の実績です。

　期待リターン3.50％・期待リスク7.35％、このとき株式への配分が45％となる基本ポートフォリオ（ベンチマーク）、これに加えて、株式への配分を60％とした仮想ベンチマーク、この2つの動きを実際のDIC企業年金基金のポートフォリオのパフォーマンスと比較しています。結果だけをみると、株式配分60％のパフォーマンスは好調ですが、乱高下の幅が大きいです。これに比べて、DIC企業年金基金の下落幅は小さくなっています。2008年のリーマン・ショック（グラフ中の①）、2020年のコロナ・ショックのとき（グラフ中の⑤）をみると、株式への配分が高いポートフォリオは大きく下落したのに比べて、DIC企業年金基金は大きく下がりませんでした。DIC企業年金基金のシャープ・レシオで表される運用の効率性は、企業年金ではトップクラスだと思います。

図表18-4 運用実績とベンチマークのシミュレーション結果

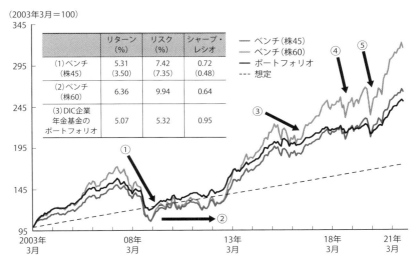

	リターン (%)	リスク (%)	シャープ・レシオ
(1)ベンチ (株45)	5.31 (3.50)	7.42 (7.35)	0.72 (0.48)
(2)ベンチ (株60)	6.36	9.94	0.64
(3)DIC企業年金基金のポートフォリオ	5.07	5.32	0.95

（出所）DIC企業年金基金のデータをもとに筆者作成.

　企業年金に求められているのは高い運用効率です。株式60％で高い変動性と高いリターンを求めるよりも運用効率を高める、すなわちより低いリスクで期待リターンを実現するという目標に変わってきています。教科書的には高いリターンのほうに引っ張られてしまいがちですが、過去20年間を振り返ると、企業年金運用の実務では、リスクを抑えて目標を達成するという方向にシフトしてきました。悪いときに市場平均よりも下げていないことで、母体企業に安心感をもってもらう。そこから信頼関係も生まれてきます。

　また、年金関係者と信頼関係を作ることもとても大切です。運用を委託するファンドマネージャーのスキルをしっかり把握し、信頼できるチームに依頼します。企業内でも、基金に運用委託する母体企業との関係、基金の受給者や将来の受給者（従業員）との関係も大切です。そういう人々と信頼関係を深めれば、新しい運用方法に挑戦する場合に、認めてもらいやすくなります。

いずれも資産運用の基本であり、それを丁寧に実行します。2004年、企業年金基金に変更したとき、当企業年金は大きな積立不足を抱える状況にあったのですが、現在はかなり資産も増え、成果も上がりました。最近のALM（Asset Liability Management：資産・負債の総合管理）によれば、これから先の20年間、平均リターンが1％であっても企業年金が存続することが可能であるほど、健全な状況になっています。

問・確定拠出年金の運用先で、預貯金と保険のウエイトがかなり大きいことが印象に残りました。プロの目からみていかがなものか、どうやって判断されますか。

近藤・先ほど「もったいない」と言いましたが、もう少し理由を説明しましょう。まずインフレとの関係です。長らくデフレが続いて貨幣の価値が減らないため、預金などの安全資産にシフトさせているのだと思います。しかしインフレになると、貨幣の価値が下がるわけです。みなさんが年金を受け取るまでには状況が変わるかもしれません。

　また時間との関係です。金融市場は、数年では乱高下しますが、政府が経済成長をめざし、それが実現している限り、株式などの金融資産のリターンは必ず増えていきます。10年単位でみれば、市場が下がり続けることはほとんどありません。日本ではバブル崩壊後にみられましたが、例外です。長い時間をかけて金融市場で資産を育てる、これが適切な行動であると思います。

宇野　淳（うの じゅん）……………………………………………………………………… 監修
早稲田大学大学院経営管理研究科（早稲田大学ビジネススクール）教授.
略歴：1975年早稲田大学政治経済学部卒業. 日本経済新聞社に入社. データバンク局, 編集局,
QUICK総合研究所などに勤務. 2002年4月中央大学商学部教授. 2004年4月早稲田大学大学院
ファイナンス研究科教授. 2006年4月から2008年9月までファイナンス研究科長. 2016年から
現職.
兼職等：現在, 日本投資顧問業協会理事を兼務. 金融庁金融審議会 市場制度ワーキング・グルー
プ委員, 日本証券アナリスト協会試験委員, 年金積立金管理運用独立行政法人「運用委員会」委
員等を歴任.
著書等：『証券市場のグランドデザイン――日本の株式市場はどこに向かうのか』（共編著）中央経
済社, 2012年；『株式市場の流動性と投資家行動――マーケット・マイクロストラクチャー理論
と実証』（共著）中央経済社, 2011年；『価格はなぜ動くのか――金融マーケットの謎を解き明か
す』（編著）日経BP, 2008年, など.

新井　亮一（あらい りょういち）……………………………………………………第5章執筆
学校法人国際基督教大学基金担当理事・理事長特別補佐.
略歴：1988年国際基督教大学教養学部卒業. JPモルガン入社. 資産運用部門調査部アナリスト,
ファンドマネージャー等を歴任後1998年より運用本部長兼チーフ・インベストメント・オフィ
サー. 2009年退任後, JPモルガン・アセット・マネジメント取締役, 青山学院大学大学院非常
勤講師等を経て, 2014年より現職. 早稲田大学大学院ファイナンス研究科修了.
兼職等：アライ・キャピタル・マネジメント株式会社代表取締役.
著書等：『証券市場のグランドデザイン――日本の株式市場はどこに向かうのか』（共著, 宇野淳ほ
か編著）中央経済社, 2012年.

榎本　英二（えのもと えいじ）……………………………………………………… 第17章執筆
野村不動産ソリューションズ株式会社代表取締役兼副社長執行役員.
略歴：1985年慶應義塾大学経済学部卒業. 野村不動産入社. 経理, 総合企画, 商品開発, 資産運
用事業に携わる. 2008年執行役員 資産運用カンパニー副カンパニー長兼運用企画部長, 2009年
野村不動産投資顧問 代表取締役副社長, 2013年野村不動産 常務執行役員法人営業本部副本部
長, 2015年野村不動産アーバンネット専務執行役員を経て, 2017年同代表取締役兼副社長執行
役員, 2021年から現職.
兼職等：宅地建物取引士, 日本不動産鑑定士協会連合会会員, 日本証券アナリスト協会検定会員.

大場　昭義（おおば あきよし）……………………………………………………………第1章執筆
一般社団法人日本投資顧問業協会会長.
略歴：早稲田大学政治経済学部卒業. みずほ信託銀行常務執行役員, 東京海上アセットマネジメン

ト代表取締役社長を経て，2017年6月から現職．

兼職等：金融庁／東京証券取引所スチュワードシップ・コード及びコーポレートガバナンス・コードのフォローアップ会議メンバー，経済産業省コーポレート・ガバナンス・システムの在り方に関する研究会委員，環境省ESG金融懇談会委員．日本証券アナリスト協会2013～2017年会長．2016年8月より日本公認会計士協会理事．

著書等：『資産運用ビッグバン──金融改革への対応と戦略』（共著）東洋経済新報社，1997年，など．

岡田　則之（おかだ のりゆき）······························第10章執筆
一般社団法人日本投資顧問業協会副会長・専務理事．

略歴：1982年京都大学法学部卒業．大蔵省に入省．証券局，金融企画局などの金融部局，金融庁や在ニューヨーク日本国総領事館での勤務のほか，主税局税制第三課長，主計局主計官，国税庁人事課長などを経て2014年大阪国税局長，2016年東京国税局長．財務省退官後，2017年日本投資顧問業協会特別参与．2018年から現職．

小口　俊朗（おぐち としあき）······························第7章執筆
ガバナンス・フォー・オーナーズ・ジャパン株式会社代表取締役．

略歴：1984年早稲田大学法学部卒業．日本生命に入社．日本，米国，英国にて勤務し，2002～2003年英国ハーミーズ・インベストメント・マネジメント派遣．退社後2007年ガバナンス・フォー・オーナーズ・ジャパン設立，日本における顧客投資先数百社とのエンゲージメントに従事．

兼職等：経済産業省伊藤レポートプロジェクトメンバー，金融庁スチュワードシップ・コードに関する有識者検討会メンバー，金融庁／東京証券取引所コーポレートガバナンス・コードの策定に関する有識者会議メンバー，金融庁／東京証券取引所スチュワードシップ・コード及びコーポレートガバナンス・コードのフォローアップ会議メンバーなどを歴任．神戸大学非常勤講師やPRI報告評価諮問委員も務める．

著書等：『コーポレートガバナンスの新しいスタンダード』（共著，森・濱田松本法律事務所編）日本経済新聞出版社，2015年，など．

加藤　栄治（かとう えいじ）······························第8章執筆
株式会社日本投資環境研究所SRコンサルティング部シニア・コンサルタント．

略歴：2000年一橋大学経済学部卒業．監査法人系コンサルティング会社を経て2005年に日本投資環境研究所入社．2011年一橋大学大学院国際企業戦略研究科金融戦略・経営財務コース修了．

著書等：「取締役会のダイバーシティの現状と業績への示唆」『資本市場リサーチ』第30号，2014年；「株主総会の議決権行使結果分析」『資本市場リサーチ』第41号，2016年，など．

川井　洋毅（かわい ひろき）······························第15章執筆
株式会社東京証券取引所執行役員．株式・ETF推進・金融リテラシーサポート・エクイティ市場営業担当．

略歴：1990年3月早稲田大学法学部卒業．同年4月，東京証券取引所入社．株式部，人事部等を経て，IT企画部長兼経営企画部企画統括役，IT開発部トレーディングシステム部長，株式部長を歴任．2017年4月に執行役員 株式・金融リテラシーサポート・エクイティ市場営業担当に就任し，投資家の利便性向上を目指した市場制度の改善や，株式投資による個人資産形成の促進に向けたプロモーションを担当．加えて，2022年4月からは新たに設置されたETF推進の担当にも就任し，ETF市場拡大，ETF利用促進に向けた各種活動を担当．

蔵元 康雄（くらもと やすお）································第11章執筆
フィデリティ・ジャパン・ホールディングス株式会社副会長．
略歴：1959年早稲田大学政治経済学部卒業．大和証券入社．1969年フィデリティ・マネジメント・アンド・リサーチ・カンパニー（FMR）東京事務所開設と同時に入社，1980年FMRジャパン代表取締役社長，1989年フィデリティ・グループの国際部門（フィデリティ・インターナショナル）傘下のフィデリティ投信代表取締役副会長，2002年フィデリティ投信取締役副会長，2005年フィデリティ・ジャパン・ホールディングス取締役副会長，2022年4月から現職．
兼職等：東京証券取引所取締役（2002〜2006年），日本証券アナリスト協会副会長（2001〜2005年），国際交流基金資金運用諮問委員会委員長（2011〜2018年），2013年より伊藤謝恩育英財団理事．
著書等：『賢明な投資家への道——ゲームではない、ギャンブルでもない、これからの投資。』経済法令研究会，1999年；『21世紀の資産運用——グローバル競争と発言する機関投資家』（共著，財団法人資本市場研究会編）プログレス，2001年．

小出 晃三（こいで こうぞう）································第6章執筆
アセットマネジメントOne株式会社チーフエコノミスト．
略歴：1983年東京大学法学部卒業．日本興業銀行に入行．留学（米国タフツ大学フレッチャー法律外交大学院修士課程にて国際関係論を専攻）．調査部（マクロ経済），総合資金部（ALM企画），総合企画部（IR）などを経て，2000年10月から現職（社名変更により，2008年に興銀第一ライフ・アセットマネジメントからDIAMアセットマネジメントに変更．同じく社名変更により，2016年より現職）．
兼職等：米国National Business Economic Issues Council（NBEIC），米国Global Interdependence Center（GIC）メンバー．日本証券アナリスト協会検定会員，モニター委員．
著書等：「M&Aにおける企業価値評価と資本コストについて」『証券アナリストジャーナル』第42巻，第10号，2004年；「機関投資家から見た不動産運用の今後——REIT投資の効用を振り返って」『証券アナリストジャーナル』第47巻，第12号，2009年，など．

近藤 英男（こんどう ひでお）································第18章執筆
元DIC企業年金基金理事．
略歴：1977年早稲田大学商学部卒業．日本長期信用銀行に入行．外国為替，企業向け貸出，自己勘定での海外投資ポートフォリオ運用（債券と株式）．その後，ニューヨーク勤務を経て，東京でアジア金融資本業務を担当．1999年大日本インキ化学工業（現DIC）に入社，DIC企業年金基

金出向，2003年から2019年までDIC企業年金基金運用執行理事，2019年DIC企業年金基金理事，2022年DIC企業年金基金を退職．

兼職等：2003年から2022年まで，企業年金連絡協議会常任幹事・資産運用委員会委員長，企業年金連合会資産運用委員・政策委員．

著書等：『チャレンジする年金運用——企業年金の未来に向けて』（共著，企業年金連絡協議会資産運用研究会編）日本経済新聞出版社，2011年；『機関投資家のためのプライベート・エクイティ』（共著，日本バイアウト研究所編）きんざい，2013年；『「市場」ではなく「企業」を買う株式投資　増補版』（共著，川北英隆編著）金融財政事情研究会，2021年；『変革迫られる年金運用——マイナス金利の衝撃』（共著，年金資産運用研究会編）日本経済新聞出版社，2016年．

佐々木　康二（ささき こうじ）••第4章執筆
ティーキャピタルパートナーズ株式会社取締役社長　マネージングパートナー．

略歴：1985年九州大学法学部卒業．日本長期信用銀行に入行．法律室，マーチャントバンキンググループ M&A部勤務を経て，1994年ペンシルベニア大学ウォートン校経営大学院修士課程修了後，香港支店に勤務．1998年12月東京海上火災保険入社，東京海上キャピタル出向（のち転籍）．2015年7月同社取締役社長マネージングパートナー就任，2019年10月同社マネジメント・バイアウトにて東京海上グループから独立し，ティーキャピタルパートナーズへ改称．

兼職等：日本プライベート・エクイティ協会理事．

塩村　賢史（しおむら けんじ）••第3章執筆
年金積立金管理運用独立行政法人（GPIF）投資戦略部次長チーフ・ストラテジスト兼市場運用部次長ESGチームヘッド．

略歴：2016年2月GPIF入職．現在，投資戦略部にて投資戦略立案やESG指数の選定を担当するとともに，市場運用部にてESGに関する情報開示や調査分析を担当（「ESG活動報告」「GPIFポートフォリオの気候変動リスク・機会分析」の編集責任者）．GPIF入職前は，大和証券投資戦略部にて日本株投資戦略，内外マクロ経済等を担当．日本証券アナリスト協会認定アナリスト（CMA）．

著書等：『ESG投資の研究——理論と実践の最前線』（共著，加藤康之編著）一灯舎，2018年，など．

田倉　達彦（たくら たつひこ）••第2章執筆
株式会社つかさ長期投資研究所代表取締役．
早稲田大学グローバルエデュケーションセンター非常勤講師．

略歴：1980年一橋大学経済学部卒業．東京海上火災保険に入社．有価証券部，財務企画部などに勤務．1995年4月東京海上アセットマネジメント投信．投資調査部長，株式運用統括ファンドマネージャーを歴任（2000年代央には5000億円規模の国内最大級の株式アクティブ運用を担当）．2008年7月執行役員運用本部副本部長就任．2015年8月から現職．放送大学大学院修士課程，立正大学大学院経済学研究科博士課程修了．博士（経済学）．

兼職等：CFA協会認定証券アナリスト，日本証券アナリスト協会検定会員．

著書等：「企業価値を創造する経営姿勢に関する一考察」『財務管理研究』第28号，2017年；「ロジ

スティック曲線とプロダクトイノベーション」立正大学大学院年報『経済と環境』第8号，2017年，など．

竹崎　竜二（たけざき　りゅうじ）·· 第13章執筆
株式会社ウエルス・スクエア Co-CIO．
略歴：1986年東京工業大学大学院物理情報工学修了．野村総合研究所に入社．システムサイエンス部資産運用研究室長，1997年野村證券金融研究所を経て，1999年野村アセットマネジメントへ．投資開発部長，運用企画室長，2011年より執行役員・国内年金営業担当，2013年執行役員・運用担当．2016年1月ウエルス・スクエア設立・代表取締役社長兼運用部長．2019年取締役兼 CIO 兼運用部長，2022年4月より Co-CIO．ファンドラップ運用やラップ型投信への助言等に従事．
著書等：『かしこく殖やす資産運用』日本経済新聞社，2000年；『資産運用の本質──ファクター投資への体系的アプローチ』（共訳，アンドリュー・アング著，坂口雄作ほか監訳）金融財政事情研究会，2016年，など．また野村アセットマネジメントのサイト内の ETF ゼミで「ETF 投資戦略」を執筆中．

藤沢　久美（ふじさわ　くみ）··· 第14章執筆
株式会社国際社会経済研究所理事長．
略歴：国内外の投資運用会社勤務を経て，1995年に日本初の投資信託評価会社を起業．1999年，同社を世界的格付会社スタンダード＆プアーズに売却．2000年にシンクタンク・ソフィアバンクの設立に参画．2022年3月まで代表を務めた．2007年に世界経済フォーラムより「ヤング・グローバル・リーダーズ」に選出され，世界40か国以上を訪問．2022年4月，国際社会経済研究所理事長に就任．
兼職等：政府各省の審議委員，投資信託協会，日本証券業協会の公益理事等の公職の他，世界的課題に取り組む NPO の理事，豊田通商や静岡銀行など上場企業の社外取締役等も兼務．
著書等：『最高のリーダーは何もしない──内向型人間が最強のチームをつくる！』ダイヤモンド社，2016年；『なぜ，川崎モデルは成功したのか？──中小企業支援にイノベーションを起こした川崎市役所』実業之日本社，2014年，など．

村岡　佳紀（むらおか　よしのり）···第9章執筆
アセットマネジメント One 株式会社常務執行役員リスク管理本部長．
略歴：1987年大分大学経済学部卒業．同年第一勧業銀行に入行．1999年日本証券投資顧問業協会出向，2001年第一勧業アセットマネジメント（現アセットマネジメント One）出向等を経て，2007年7月みずほ投信投資顧問（現アセットマネジメント One）法務室長兼経営企画部マネジャー．2016年10月アセットマネジメント One 法務グループ長，2021年4月執行役員リスク管理本部長を経て，2022年4月から現職．
兼職等：2005年4月から早稲田大学ビジネス情報アカデミー講師（2006年4月からリーガル＆コンプライアンス講座講師，現職）．
著書等：『投資顧問業の法務と実務』（共著）金融財政事情研究会，2006年；『金融法講義 新版』（共

著，神田秀樹ほか編著）岩波書店，2017年；『金融機関の法務対策6000講（I～VI）』（共著，金子修ほか監修）金融財政事情研究会，2022年，など．

山内　英貴（やまうち　ひでき）···第16章執筆者
株式会社GCIアセット・マネジメント代表取締役CEO・ファウンダー．

略歴：1986年東京大学経済学部卒業．日本興業銀行入行．東京・シンガポールにて主に市場関連業務に従事．2000年GCIグループ設立（現職）．2007年東京大学非常勤講師（現職）．2018年京都ラボ設立，代表理事（現職）．

兼職等：現在，GCIキャピタル代表取締役社長，Finatextホールディングス取締役，Digika取締役を兼務．日本投資顧問業協会理事等を歴任．

著書等：『アジア発金融ドミノ』東洋経済新報社，1999年；『グローバル投資入門』同友館，2001年；『LTCM伝説──怪物ヘッジファンドの栄光と挫折』（共訳，ニコラス・ダンバー著，寺澤芳男監訳）東洋経済新報社，2001年；『オルタナティブ投資入門──ヘッジファンドのすべて（第3版）』東洋経済新報社，2013年；『エンダウメント投資戦略──ハーバードやイェールが実践する最強の資産運用法』東洋経済新報社，2015年，など．

山口　勝業（やまぐち　かつなり）····································· 第12章執筆
イボットソン・アソシエイツ・ジャパン株式会社取締役会長．

略歴：1979年一橋大学社会学部卒業．日本長期信用銀行入行．Yale School of Management留学．LTCB-MAS，長銀投資顧問などでファンドマネージャーを歴任後，2000年にイボットソン・アソシエイツ・ジャパンを設立し，代表取締役社長に就任．現在は取締役会長．この間，専修大学大学院経済学研究科客員教授，一橋大学ビジネススクール非常勤講師を兼務．

兼職等：これまでに日本ファイナンス学会理事，行動経済学会理事・顧問，日本CFA協会理事を務め，日本投資顧問業協会の学部向け寄附講座講師，日本証券アナリスト協会のCMA通信テキスト執筆など投資教育活動を行っている．

著書等：『日本経済のリスク・プレミアム──「見えざるリターン」を長期データから読み解く』東洋経済新報社，2007年；『証券投資の思想革命──ウォール街を変えたノーベル賞経済学者たち〈普及版〉』（共訳，ピーター・L・バーンスタイン著）東洋経済新報社，2006年；『アルファを求める男たち──金融理論を投資戦略に進化させた17人の物語』（訳，ピーター・L・バーンスタイン著）東洋経済新報社，2009年．

宇野　淳（うの じゅん）……………………………………………………………………………監修
チャールズ・エリス著，鹿毛雄二・鹿毛房子訳『敗者のゲーム [原著第8版]』日本経済新聞出版社，
　2022年.
　⇒　原著第8版では「市場と投資の本質」を扱った投資哲学の書が，最新データに基づきリ
　ニューアルされた．投資は「敗者のゲーム」だというエリスは，インデックス・ファンドへの投
　資を軸に基本的な投資行動のポイントを解説する．経験したものにしか会得できない投資哲学が
　淡々と語られる必読の書.
宇野淳，早稲田大学ファイナンス研究科宇野研究室編著『価格はなぜ動くのか──金融マーケット
　の謎を解き明かす』日経BP，2008年.
　⇒　資産運用に関係するプロのなかで，この講座に登場していないのが，「トレーダー」と呼ば
　れる存在である．彼らはまさにマーケットに直接接し，投資アイデアを実行に移す「船頭」の役
　割を果たしている．マーケットの多様な側面を知らずして，投資行動を理解したとはいえない．
　実務的な視点からマーケットを紹介した本書でその一端に触れることができる.

新井　亮一（あらい りょういち）……………………………………………………………第5章執筆
藤本隆宏，東京大学21世紀COEものづくり経営研究センター『ものづくり経営学──製造業を超
　える生産思想』光文社新書，2007年.
　⇒　日本企業の行動原理の理解に欠かせない「擦り合わせ型産業」と「組み合わせ型産業」の概
　念を平易に解説．組み合わせ型組織を理想とする米国の経営思想をもとにした日本企業に批判的
　な見方が多いなか，日本株投資を検討するうえでは必読の書.
ジェームズ・スロウィッキー著，小高尚子訳『「みんなの意見」は案外正しい』角川書店，2006年.
　⇒　優秀な賢者の判断よりも集団の集合知が優れていることを，アポロ13号帰還とスペース
　シャトル・コロンビア号帰還失敗の対比など豊富な実例を交えて紹介．コンセンサス・ボトム
　アップ型が多い日本企業の分析に参考になる．また，同じ組織でも時間の経過とともに意思決定
　の質が変化する過程も紹介され，企業のライフサイクルという面でも有益な視点を提供してい
　る.

榎本　英二（えのもと えいじ）……………………………………………………………第17章執筆
不動産証券化協会編『不動産証券化ハンドブック（各年版）』不動産証券化協会.
　⇒　不動産証券化に関する基礎知識や，最新の制度・税制・会計の動向，マーケットの状況や動
　向などをコンパクトにまとめた一冊．読むというよりも必要なところ，興味のあるところ，知り
　たいところから見ていくだけで不動産証券化の今がわかる.
デビッド・F・スウェンセン著，大輪秋彦監訳，5・3・3・2世代チーム訳『イェール大学流投資戦
　略──低リスク・高リターンを目指すポートフォリオの構築』パンローリング，2021年.
　⇒　不動産投資を専門として書かれた本ではないが，非伝統資産である不動産を含めて，投資マ
　ネージャーがいかに取り組むべきかを自身の経験をもとに語る．資産運用をめざす人にはぜひ一

読いただきたい.

ハワード・マークス著, 貫井佳子訳『市場サイクルを極める――勝率を高める王道の投資哲学』日本経済新聞出版社, 2018年.

⇒ 著者は, ディストレス投資, 不動産投資を得意とするオークツリー・キャピタル・マネジメントの共同創業者であり, 信用サイクル, 不動産サイクル, 市場サイクルをいかに味方につけるかを, 自身の経験から説き起こす. 初心者向けではないが, 不動産投資の醍醐味を味わえる.

大場 昭義（おおば あきよし）...第1章執筆

バートン・マルキール著, 井手正介訳『ウォール街のランダム・ウォーカー〈原著第12版〉――株式投資の不滅の真理』日本経済新聞出版社, 2019年.

⇒ 1973年の初版以来, 全米累計150万部を超え,「投資の名著」として絶賛されるベスト＆ロングセラー, *A Random Walk Down Wall Street*の最新版. 硬派な内容でありながら, 数式はほとんどなく, グラフや表を多用しており, 初心者にも理解しやすくなっている. 間抜けなテクニカル分析手法やチューリップからITに至るバブルの話など, 読み物としても面白く読める.

高橋文郎『ビジネスリーダーのフィロソフィー』金融財政事情研究会, 2012年.

⇒ 教養や歴史の知識に裏打ちされた戦略的思考を磨き, 時代をリードするための「知性」と「感性」を身につける. 真理を探求し, 自己を高める知的活動を刺激し, リーダーとしての人生を送るためのヒント満載で投資にも通じる.

ピーター・バーンスタイン著, 青山護訳『リスク――神々への反逆』日本経済新聞社, 1998年.

⇒ 古代ギリシャの人々の思考様式, パチョーリ・パスカルらのパズル解明, ルネッサンス・宗教改革による思考の自由化, 保険の仕組みの考案など,「リスク」の謎に挑み, 未来を変えようとした天才たちのドラマを紹介. 未来は神の気まぐれで変わるのか. リスク（不確実性）から自由になる術はないのか. 相場師からノーベル賞学者まで, リスクに闘いを挑んだ異才たちのドラマを活写した傑作.

井手正介・大場昭義『資産運用ビッグバン――金融改革への対応と戦略』東洋経済新報社, 1997年.

⇒ 日本が発展途上段階を卒業し, 金融資産の有効活用中心に栄える先進成熟国に移行するという認識に立ち, 国民の資産形成の場としての資本市場を整備し, 既存の金融機関を近代的な資産運用業に再編成することをめざす一大改革が進もうとしている. 資産運用ビッグバンといえるものであり, 国民の金融資産を預かる金融機関関係者のためにまとめられている.

小口 俊朗（おぐち としあき）...第7章執筆

リチャード・ブリーリー, スチュワート・マイヤーズ, フランクリン・アレン著, 藤井眞理子, 國枝繁樹監訳『コーポレート・ファイナンス 第10版（上）（下）』日経BP, 2014年.

⇒ 英語版が最初に発行された1981年以来, 日本語版で第10版が発刊されている「世界のビジネススクールの定番教科書」（帯より）. 資本コスト, 価値評価, 資金調達や投資決定などに関する理論から実践まで, 広くそして深く学習できる. 自学のためにさまざまな書き込みをした第8版は, 今でも手放せない手製の参考書となっている.

トマ・ピケティ著, 山形浩生・守岡桜・森本正史訳『21世紀の資本』みすず書房, 2014年.

⇒　r＞g，すなわち資本収益率が所得の成長率を上回るとき，持続不可能な格差を生み出すことを，詳細なデータと理論によって解き明かした世界的ベストセラー．著者は格差の解決策として累進資本税を挙げているが，私には勤労所得者が年金基金に参加することで格差の抑制に役立つとの思いを与えてくれた．

加藤　栄治（かとう えいじ）··第8章執筆
田渕直也『ファイナンス理論全史——儲けの法則と相場の本質』ダイヤモンド社，2017年．
　　⇒　ファイナンス理論のエッセンスについて，ほとんど数式を用いることなく，その成り立ちの歴史を踏まえて記述されている．ファイナンス理論に関する読み物として最適．
藤野英人『投資家が「お金」よりも大切にしていること』星海社新書，2013年．
　　⇒　投資や「お金」について，著名なファンドマネージャーである著者の考え方がわかりやすく解説されている．示唆に富んだ一冊で，若い方におすすめ．
オーウェン・ウォーカー著，染田屋茂訳『アクティビスト——取締役会の野蛮な侵入者』日本経済新聞出版社，2021年．
　　⇒　あまり表に出てこないアクティビストと企業の攻防について，ストーリー仕立てで克明に描かれている．著者は金融ジャーナリスト．アクティビストに関心のある方におすすめ．

川井　洋毅（かわい ひろき）·· 第15章執筆
野村アセットマネジメント編『ETF大全』日本経済新聞出版社，2021年．
　　⇒　本書はETFの商品性から，市場制度や会計・税務，投資手法に至るまで詳細に解説されている一冊．網羅的かつ体系的にまとめられており，ETFの詳細な部分から市場の全体像・エコシステムまでよく理解できる．
ジョン・C・ボーグル著，長尾慎太郎監修，藤原玄訳『インデックス投資は勝者のゲーム——株式市場から利益を得る常識的方法』パンローリング，2018年．
　　⇒　インデックス投資の父と称されるジョン・ボーグルが，インデックス投資とは何か，アクティブ投資に対する優位性とは何かを詳述した一冊．インデックス投資の価値やその実施方法について，プロフェッショナルレベルでの解説がなされている．
東京証券取引所編『東証公式ETF・ETNガイドブック（第7版）』東京証券取引所，2020年．
　　⇒　ETF市場の概要，商品性，売買制度，ETFの活用事例などについて，基礎的な内容から紹介している．ETF市場の基本的な内容を，まずは概要から押さえたいという場合に最良の一冊．

蔵元　康雄（くらもと やすお）·· 第11章執筆
丸山俊一・NHK「欲望の資本主義」制作班『岩井克人「欲望の貨幣論」を語る』東洋経済新報社，2020年．
　　⇒　資産運用業が深く関わる資本主義経済・資本市場の根幹にある「貨幣」について，古代ギリシャから現在まで「貨幣とは何か」を歴史的かつ論理的に深く考察した貨幣論．資産運用業に携わる人が広くこの分野で教養を深めるうえで最適な図書の1つとして推薦する．岩井克人氏は，イェール大学助教授，東京大学教授などを歴任され，現在，国際基督教大学特別招聘教授．我が国の貨幣論の第一人者．

小出　晃三（こいで　こうぞう）・・第6章執筆

三井住友信託銀行マーケット事業『投資家のための金融マーケット予測ハンドブック（第7版）』
　　NHK出版，2020年.

　　⇒　市場参加者の見地に立ちつつ，経済指標と市場の見方を幅広く扱う. 2020年に最新の改訂版
　が出版された. マクロ経済の基本書読了後に読むべきである.

黒田東彦『財政金融政策の成功と失敗──激動する日本経済』日本評論社，2005年.

　　⇒　2023年4月に退任予定の黒田日銀総裁が，総裁就任の8年前に著した書籍. 従前の日銀政策
　を批判して登板した黒田氏が，退任後，自らの総裁経験をいかに振り返るかを想像すると面白く
　読める. いわゆる「リフレ政策」の功罪や，今後の日本の財政・金融政策の「出口戦略」につい
　て考えたい読者に勧める.

アンドリュー・アング著，坂口雄作・浅岡泰史・角間和男・浦壁厚郎監訳『資産運用の本質──
　　ファクター投資への体系的アプローチ』金融財政事情研究会，2016年.

　　⇒　講義で簡単に触れた「ファクター投資」を体系的に扱った，おそらくさきがけとなる書籍.
　大部であるが，最新のアセットアロケーション手法を，マクロ的な経済・市場分析との関わりの
　なかで，網羅的に述べる. 投資理論について，深く学びたい学生向け.

近藤　英男（こんどう　ひでお）・・・第18章執筆

駒村康平『日本の年金』岩波新書，2014年.

　　⇒　少子高齢化が急激に進んでいる日本で，年金制度はどうなっていくか. 国民・基礎年金，厚
　生年金の現状，近年の年金見直しを解説し，直面せざるをえない課題を明らかにしている.

企業年金連絡協議会資産運用研究会編『チャレンジする年金運用──企業年金の未来に向けて』日
　　本経済新聞出版社，2011年.

　　⇒　2008年の世界的金融危機など市場の激震を経験した企業年金の実務者が中心となって，年
　金資産運用の課題の克服をめざして，1年間の検討会が開かれた. 本書は，その議論の成果を発
　表したもので，それ以降の企業年金運用の考え方・手法が大きく変わるきっかけとなるなど，年
　金資産運用に大きな影響を与えている.

川北英隆編著『「市場」ではなく「企業」を買う株式投資　増補版』金融財政事情研究会，2021年.

　　⇒　本書は「本来の株式投資」をテーマとしている. 日本の株式市場で，「損失をできる限り避
　けつつ，数年間保有すれば，株式投資にふさわしい収益が得られる」ためには，投資対象を選
　別，厳選し，それらの投資対象に資金を集中することが望ましいと考える筆者たちが，本書でそ
　の有効性についての議論を展開する.

佐々木　康二（ささき　こうじ）・・・第4章執筆

三枝匡『ザ・会社改造──340人からグローバル1万人企業へ』日経ビジネス人文庫，2019年.

　　⇒　コンサルタントで事業再生のスペシャリストでもあった著者が，2002年，上場企業でFA・
　金型部品の専門商社であるミスミグループ本社のトップに招聘され，経営者として改革の連鎖を
　実行していく実話. 戦略的な思考で現状を見直し社内の人に改革を働きかけていく過程がドラマ
　仕立てで読みやすく，会社内部からの「株式価値向上」に関心を持つ人には大変参考になる.

塩村　賢史（しおむら　けんじ）……………………………………………………………………第3章執筆
奥野一成『ビジネスエリートになるための教養としての投資』ダイヤモンド社，2020年.

⇒　「長期厳選投資ファンド」を運用する著者が，投資の意義，投資と投機の違い，長期投資の
対象となる企業の見つけ方などを，実例などを交えながらわかりやすく解説．章立てからは，投
資のハウツー本のように思われるかもしれないが，「教養としての投資」というタイトルどおり，
ビジネスパーソンとしてのマインドセットを学ぶことができる良書．是非，大学生や若い社会人
に読んでいただきたい.

ポール・ホーケン編著，江守正多監訳，東出顕子訳『ドローダウン──地球温暖化を逆転させる
　　100の方法』山と渓谷社，2021年.

⇒　190人の科学者，各種専門家が結集して，気候変動に関する現実的かつ大胆な100の実現可
能な解決策をとりまとめた本．気候変動に関する政府間パネル（IPCC）の新しい報告書が公表
されるたびに，残された時間の少なさに焦燥感や無力感を抱く人も多いと思われるが，本書は読
者に希望を与える．解決策の上位には，再生可能エネルギー関連のみならず，食料廃棄の削減や
女児の教育機会，土地利用など意外な方策が大きな貢献をすることが示されており，非常に興味
深い．同書の完結編と位置付けられる『リジェネレーション［再生］──気候危機を今の時代で
終わらせる』（江守正多監訳，五頭美知訳）が2022年3月刊行.

田倉　達彦（たくら　たつひこ）……………………………………………………………………第2章執筆
デビッド・F・スウェンセン著，大輪秋彦監訳，5・3・3・2世代チーム訳『イェール大学流投資戦
　　略』パンローリング，2021年.

⇒　米国機関投資家のなかでその運用成果の高さで知られるイェール大学財団（エンダウメン
ト），そのCIOによる運用戦略解説書の全面改訂・拡大版．単にエンダウメントの投資プロセス
を超えて，多くの投資家が陥りやすい貨幣錯覚を徹底的に排除した，真に重要な実質リターンを
追求するポートフォリオ運用の哲学に触れることができる.

藤田勉『コーポレートガバナンス改革時代のROE戦略──効用と限界』中央経済社，2016年.

⇒　ROEは株主持分の成長という点で，投資家にとってわかりやすく重要な指標といえる．一
方，企業の経営指標という点では，必ずしも適切とはいえないテクニカルな問題を含んでいる．
このようなROEの評価に対し，本書は3つの会計基準のもとでROEがどのように定義されるか
を解説したうえで，資本コストに関する実務的な視点を提供してくれる.

竹崎　竜二（たけざき　りゅうじ）………………………………………………………………… 第13章執筆
ジョン・トレイン著，坐古義之・臼杵元春訳『マネーマスターズ列伝──大投資家たちはこうして
　　生まれた』日本経済新聞社，2001年.

⇒　ウォーレン・バフェット，ジョージ・ソロス，ピーター・リンチなど米国の伝説的な投資家
を紹介した書．実践者の考え方や投資スタイルを知ることができる．類書には，ジャック・D・
シュワッガー著『マーケットの魔術師』（1992年，原書は1989年）（「新」（1999年，原書は1992
年），「続」（2013年，原書は2012年）等の姉妹本もある）があり，米国の投資家層の厚さを感じ
ることができる．また，新しい世代として台頭したJ・シモンズ，D・E・ショー，K・グリフィ
ンなどを紹介したセバスチャン・マラビー著『ヘッジファンド』（特にII，2012年，原書は2010

年）も参考になる．最近になるにつれて，クオンツ・マネージャーを取材したものが多いことに気づかされる．さらに，未邦訳だが *Woman of The Street* (2015) では優れた女性ファンドマネージャーへインタビューしている．

浅野幸弘・宮脇卓『資産運用の理論と実際』中央経済社，1999年.

　⇒　証券投資論を包括的かつ実践的に理解したい場合にはお勧め．1995年にR・C・グリノルド，R・N・カーン著『アクティブ・ポートフォリオ・マネジメント』（訳は1999年）が登場して以来，従来の証券投資論にアクティブ運用の理論化議論が加わったが，それらのエッセンスも盛りこまれている．

藤沢　久美（ふじさわ くみ）·· 第14章執筆
チャールズ・シュワブ著，飯山俊康監訳，野村資本市場研究所訳『ゼロ・コミッション革命——チャールズ・シュワブの「顧客目線」投資サービス戦略』金融財政事情研究会，2020年.

　⇒　シュワブ氏は，高い志と新たな技術を駆使し，既存の証券会社をディスラプトし，誰もが投資家になれる世界を実現した．その取り組みは，あらゆるビジネスに変革が求められる今，投資信託業界が変わるべき未来を予見させるだけでなく，今，業界を変える担い手になる勇気を与えてくれる．

ジョン・C・ボーグル著，石塚順子訳『航路を守れ——バンガードとインデックス革命の物語』幻戯書房，2021年.

　⇒　世界で初めてインデックス・ファンドを生み出したボーグル氏の自伝的一冊．「ほとんどのトレーダーは市場平均に勝てない」「長期・分散・低コストこそが最も重要」をコンセプトとするインデックス・ファンドはどのようにして生まれ，絶大な支持を得て，世界中の人々の生活を変えるに至ったのかを知ることで，これからの投資信託のあり方を考えるヒントにしてほしい．

村岡　佳紀（むらおか よしのり）······································· 第9章執筆
樋口範雄『フィデュシャリー［信認］の時代——信託と契約』有斐閣，1999年.

　⇒　「信託」について歴史的考察を行うとともに，英米法と大陸法の違いやエクイティとコモン・ローなどもわかりやすく解説．ともすれば専門的でわかりにくいフィデューシャリーのさまざまな責任や信認関係をコンパクトに説明．やや古い書籍ではあるが，資産運用業の本質をきちんと学びたい人にとっては，ベースとなる書．

投資顧問業者の注意義務研究会『投資顧問業者の注意義務について』日本証券投資顧問業協会，2001年.

　⇒　現日本投資顧問業協会が，実務者・法学者・弁護士らによる研究会を設け，善管注意義務とフィデューシャリー・デューティや注意義務と忠実義務の比較，注意義務に関する英米法とドイツ法の相違などの専門的分野から，注意義務の適用範囲や程度までをまとめた，資産運用会社の法務関係者必読の報告書．同協会のHPにて閲覧可能．

山内　英貴（やまうち ひでき）······································ 第16章執筆
山内英貴『エンダウメント投資戦略——ハーバードやイェールが実践する最強の資産運用法』東洋経済新報社，2015年.

⇒　機関投資家の間で先端的な長期資産運用をリードしてきた米国大学エンダウメントの運用手法について解説し，オルタナティブ投資をポートフォリオに加える意義などについて整理する．

山内英貴『オルタナティブ投資入門――ヘッジファンドのすべて（第3版）』東洋経済新報社，2013年．
⇒　21世紀に入り，株や債券など伝統資産を買い持ちする伝統的な運用に加えて，ポートフォリオの分散効果を追求するオルタナティブ投資が急速に普及している．本書はその中でも伝統的な運用手法とは一線を画するヘッジファンドについて，実務的観点から解説している．

ニコラス・ダンバー著，寺澤芳男監訳，グローバル・サイバー・インベストメント訳『LTCM伝説――怪物ヘッジファンドの栄光と挫折』東洋経済新報社，2001年．
⇒　グローバル化と情報通信革命を受けて急速に変貌した1990年代の金融業界の象徴的存在だったヘッジファンドLTCMの興隆と破綻を描いたノンフィクション．金融工学をはじめとするバックグラウンドと歴史についてわかりやすく解説している．

山口　勝業（やまぐち かつなり）‥‥‥‥‥‥‥‥‥‥‥‥‥‥‥‥‥‥‥‥‥‥‥‥‥‥ 第12章執筆
バートン・マルキール著，井手正介訳『ウォール街のランダム・ウォーカー〈原著第12版〉――株式投資の不滅の真理』日本経済新聞出版社，2019年．
⇒　過去半世紀近くにわたって何度も版を重ねながら，世界中で読み続けられているロングセラー．一般読者向けに書かれているので，株式投資を始めるならまずはこの一冊から勉強することをおすすめする．

アセットマネジメントの世界　第2版
新たな社会的使命と実践

2022 年 10 月 27 日発行

監修者──宇野　淳
編　者──日本投資顧問業協会
発行者──駒橋憲一
発行所──東洋経済新報社
　　　　　〒103-8345　東京都中央区日本橋本石町 1-2-1
　　　　　電話＝東洋経済コールセンター　03(6386)1040
　　　　　https://toyokeizai.net/

カバーデザイン……吉住郷司
ＤＴＰ……………アイランドコレクション
印刷・製本………丸井工文社
編集担当…………茅根恭子
Printed in Japan　　　ISBN 978-4-492-71184-2